Emil Vasilev

Handelssysteme in Finanzmärkten

Die Alternativen

igel Verlag
RWS

Vasilev, Emil: Handelssysteme in Finanzmärkten: Die Alternativen, Hamburg, Igel Verlag RWS 2014

Buch-ISBN: 978-3-95485-191-1
PDF-eBook-ISBN: 978-3-95485-691-6
Druck/Herstellung: Igel Verlag RWS, Hamburg, 2014

Bibliografische Information der Deutschen Nationalbibliothek:
Die Deutsche Nationalbibliothek verzeichnet diese Publikation in der Deutschen Nationalbibliografie; detaillierte bibliografische Daten sind im Internet über http://dnb.d-nb.de abrufbar.

Hermannstal 119k, 22119 Hamburg
http://www.diplomica.de, Hamburg 2014
Printed in Germany

Inhaltsverzeichnis

Abkürzungsverzeichnis

ADF – Alternate Display Facility

AMEX – American Stock Exchange

ASX – Australian Stock Exchange

ATS – Alternative Trading Systems (alternative Handelssysteme)

AZX – Arizona Stock Exchange

BaFIN – Bundesanstalt fur Finanzdienstleistungsaufsicht

BSE – Boston Stock Exchange

BSK – Börsensachverständigenkomission

CAES – Computer Assisted Execution System

CBOT – Chicago Board of Trade

CESR – Committee of European Securities Regulators

CLOB –Continuous Limit Order Books

CME – Chicago Mercantile Exchange

CQS – Consolidated Quotation System

DTB – Deutsche Terminbörse

ECN – Electronic Communications Networks

EUREX – European Exchange

FESCO – Forum of European Securities Commissions

FIX – Financial Information Exchange

FWB – Frankfurter Wertpapierbörse

IuKT – Informations- und Kommunikationstechnologien

IoI – International Order Book

ISE – International Securities Exchange

ISIN – International Securities Identification Nummber

ITS – Intermarket Trading System

LIFFE – London International Financial Futures and Options Exchange

LSE – London Stock Exchange

MiFID – Markets in Financial Instuments Directive

M&A – Mergers and Acquisitions

MTF – Multilaterale Trading Facilities
NASD – National Association of Securities Dealers
NASDAQ – National Association of Securities Dealers Automated Quotations
NMS – National Market System
NSX – National Stock Exchange
NYMEX – New York Mercantile Exchange
NYSE – New York Stock Exchange
OTC – Over the Counter
PIP – Price Improvement Platform
PTS – Proprietary Trading Systems
SEAQ – Stock Exchange Automated Quotation
SOES – Small Order Execution System
SOFFEX – Swiss Options and Financial Futures Exchange
SORT – Smart order routing technology
SRO –Self-Regulatory Organization
SSB – Salomon Smith Barney
STP – Straight-through-Processing
XETRA – Exchange Electronic Trading
WKN – Wertpapier-Kennnummer
WPR – Wertpapierdienstleistungsrichtlinie

Abbildungsverzeichnis

Tabellenverzeichnis

1. Einführung

Die internationalen Finanzmärkte sind bereits seit vielen Jahren einem nachhaltigen Strukturwandel ausgesetzt, der immer stärker auch deren Handelszentren, die Börsen trifft. Die aktuellen Entwicklungen in diesem Wirtschaftszweig weisen auf eine Neudefinition des Begriffs Börse hin. Das traditionelle Verständnis beschreibt die Handelsplätze als lokale oder regionale Präsenzbörsen mit begrenzten Handelszeiten. Die Geschäftsabwicklung findet auf „dem Parkett" in noch begreifbare Handelsdimensionen statt. Das neue Geschäftsmodell andererseits ist durch eine Computerisierung, die keine geografische Zuordnung oder zentralisierte Form erlaubt, gekennzeichnet.[1] Die Entwicklungen der Kommunikations- und Computertechnologien haben die komplette Automatisierung und Elektronisierung der Handelssysteme ermöglicht.[2] Dadurch war es möglich Alternative Trading Systems (ATS) zu bilden, die heutzutage eine ernsthafte Konkurrenz für traditionelle Börsen darstellen.[3]

Die Zielsetzung dieses Buches besteht darin, die Alternative Handelssysteme definitorisch und exemplarisch darzustellen. Außerdem wird die Mikrostrukturtheorie von Finanzmärkten herangezogen, um spezifische Eigenschaften von Handelsmodellen zu erleuchten. Nachfolgend wird durch einige Vorteile und Gründe die Motivation für deren Aufbau und Nutzung aufgezeigt. Gleichzeitig werden auch die geographischen Unterschiede in den USA und Europa berücksichtigt.

Am Anfang werden Kenntnisse über die Handelsmärkte vermittelt. Der Oberbegriff Finanzmarkt beinhaltet alle danach folgenden Märkte, die mit einer tiefer gehenden Abstufung betrachtet werden. Durch diese Begriffsverfeinerung wird der Platz des Begriffs der ATS transparenter gemacht. Danach wird dargestellt wie unterschiedlich die ATS in den USA und Europa definiert sind.

Im Kapitel drei wird die Marktmikrostrukturtheorie angesprochen, die den Aufbau der Finanzmärkte und darin stattfindende Börsengeschehen mit den zugehörigen

---

[1] Vgl. Ludwig (2002), S. V
[2] Vgl. Harris (2003), S. 543
[3] Vgl. Böhme (2004), S. 1; Ludwig (2004), S. 421

Transaktionen und Marktkonstellationen beschreibt. Wegen der Vielzahl der Modelle werden nur die in der Literatur meist diskutierten Ansätze dargestellt.

Kapitel vier beschäftigt sich mit der Erklärung der Entstehung von ATS. Hier werden Vorausentwicklungen erwähnt, die die Bildung der ATS ermöglicht haben. Anschließend werden einige Vorteile der ATS gegenüber traditionellen Börsen angesprochen, die sowohl Gründe zu deren Entwicklung als auch Auswirkungen des elektronischen Handels auf die Marktmikrostruktur darstellen.

Die derzeitigen Formen institutioneller Ausgestaltung von ATS sind Gegenstand vom Kapitel fünf. Am Anfang wird kurz die geschichtliche Entwicklung betrachtet. Anschließend werden die ATS Formen kategorisiert und weiter nach geografischen Regionen dargestellt. Zuerst werden die ATS in den USA beschrieben, weil sie dort ihren Ursprung besitzen. Nachfolgend werden die derzeitigen Formen in Europa angesprochen.

Die Weiterentwicklung der ATS oder ein Blick in die Zukunft wird im vorletzten Kapitel anhand der Literatur und eigener Meinungen gegeben. Anschließend erfolgt das Fazit, aus dem zusammengefasst die wichtigsten Punkte dargestellt werden.

Bevor die ATS untersucht werden, muss ihr Platz festgelegt und die evolutionsschritte bis zu deren Entstehung verfolgt werden.

2. Handelsmärkte

Eine Definition von Märkten beschreibt diese als "der ökonomische Ort des Zusammentreffens von Angebot und Nachfrage, an dem sich Preisbildung und Tausch vollziehen"[4]. Die Handelsmärkte werden nach wirtschaftlichen Sektoren gegliedert. Die Ausprägungen sind Gütermärkte, Faktormärkte (Dienstleistungs-, Arbeits-, Rohstoff- sowie Bodenmärkte) und Finanzmärkte.[5] Für dieses Buch relevanter Markt ist der Finanzmarkt, der noch vielfältiger weitergegliedert werden kann.

2.1 Finanzmärkte

Im Vergleich zu anderen Märkte, werden auf den Finanzmärkten keine Güter oder Dienstleistungen aufgrund monetärer Ziele ausgetauscht, sondern finanzielle Ansprüche, die durch Kauf und Verkauf von Papiere ihre Besitzer wechseln. Diese Märkte sind wie eine Brücke zwischen zwei volkswirtschaftlichen Modellen. Auf der einen Seite ist die konsumorientierte Wirtschaft – das gesamte Einkommen wird in Güter und Dienstleistungen sofort investiert und auf der anderen Seite ist die frugale Wirtschaft, in der die Haushalte zukunftsorientiert sparen und investieren.[6]
Eine moderne Definition des Finanzmarktes beschreibt ihn folgendermaßen:
"A financial market is a communications system facilitating transmission of pre- and post-trade information, order routing, matching, execution, trade clearing, settlement, and custody"[7].
Die Unterteilung des Oberbegriffs „Finanzmarkt" ist weit und enthält unterschiedliche Arten und Dimensionen von Märkten. Einige davon sind:[8]

- Geld- und Kapitalmärkte
- nationale und internationale Finanzmärkte
- Primär- und Sekundärmärkte
- Eigenkapital- und Fremdkapitalmärkte

---

[4] Woll (2000), S. 496
[5] Vgl. Honeygold (1989), S. 14
[6] Vgl. Spencer (2000) S. 75; Book (2001), S. 9; Honeygold (1989), S. 14 f.
[7] Vgl. Hendershott (2003), S. 11
[8] Vgl. Gaa u. a. (2001), S. 38 ff.; Rahlf (1999), S.4; Honeygold (1989), S. 16 f.

- Devisenmärkte
- elektronische Handelsmärkte
- Risikoabsicherungsmärkte
- Matching- und Intermediärmärkte

Die Finanzmärkte erlauben Vermögensaufbau durch Anlageinvestitionen, Reduktion des Prinzipal-Agent Problem durch Kontrolle des Managements oder Risikomanagement.[9] Außerdem versorgen sie mit wichtigen Informationen, die für die Organisation einer effektiven Kapital- und Risikoallokation der Volkswirtschaft notwendig sind.[10]

2.2 Kapitalmärkte

Die Finanzzentren der Welt sind die physischen Orte, wo die Kapitalmärkte organisiert sind.[11] Ein Kapitalmarkt ist ein Markt für den Handel mit Kapitalgütern. Die Unternehmen brauchen für ihre Investitionszwecke Geld, das von den Wirtschaftssubjekten überlassen wird. Somit haben dann die Investoren Ansprüche unterschiedlicher Art an die Unternehmen als Gegenleistung. Genau diese Abhängigkeit findet in den Handel auf den Kapitalmärkten ihren Ausdruck. Die Ansprüche können rechtliche und/oder ökonomische Natur sein, wie z.B. Mitwirkungsrechten oder Rechtsansprüche auf Zahlungen. Sie finden ihre Ausprägung in Form von Wertpapiere, die auf den Börsen getauscht werden.[12]

Die Wertpapiere können als Güter bezeichnet werden, die viele unterschiedliche Formen haben. Zuerst sind die Güter mit standardisierten Ansprüchen zu nennen, die als Inhaberaktien bekannt sind und in regulierten Märkten gehandelt werden.[13] Diese sind die so genannte organisierte Märkte, die einer Aufsicht unterliegen und großer Markttransparenz sowie eine hohe Liquidität besitzen. Durch die Mehrzahl der beteiligten Marktteilnehmer wird eine leichte Handelbarkeit der Finanzinstrumente sichergestellt.[14] Die zweite Wertpapierart sind Güter mit individuell verein-

[9] Vgl. Seifert u.a. (2000), S. 1
[10] Vgl. Harrschar- Ehrnborg, (2002), S. 15; Seifert u.a. (2000), S. 1
[11] Vgl. Seifert u.a. (2000), S. 1
[12] Vgl. Loistl (2001), S. 3
[13] Vgl. ebenda, S. 4
[14] Vgl. Hauser (2003), S. 89 in Anlehnung an Achleitner (2000); Loistl (2001), S. 4

barten Ansprüchen, wie die GmbH-Anteile oder Kommanditanteile. Der Marktplatz für sie ist intransparent und mit geringer Handelbarkeit gekennzeichnet.[15] Diese so genannten nicht-organisierten Märkte erlauben eine größere Freiheit bei der Vertragsgestaltung, die auch mit Risiko verbunden werden könnte.[16]

Aus einem anderen Betrachtungswinkel wird von Primär- und Sekundärmärkte gesprochen. Auf dem Primärmarkt werden die Wertpapiere zum ersten Mal ausgegeben, wobei der Emittent das Platzierungsrisiko trägt, ob die Papiere vom Markt und den Erstkäufer abgenommen werden. Die Sekundärmärkte organisieren den Handel mit bereits emittierten Papieren. Der Emittent spielt hier keine Rolle, außer er möchte seine Aktien zurück kaufen.[17]

Zwei weitere Kapitalmarktarten sind der Markt für Kassa- und der Markt für Termingeschäfte. Bei Kassageschäften vollzieht sich der Handel gleichzeitig auf beiden Seiten indem zu einem bestimmten Zeitpunkt die Bezahlung und Lieferung der Wertpapiere stattfindet. Bei den Termingeschäften finden die beiden Handelstransaktionen (Kauf und Verkauf von Handelsobjekten) unter Einbehaltung einer Zeitperiode getrennt statt. Beispielsweise verpflichtet sich der eine Geschäftspartner zur Lieferung eines Finanztitels zu einem zukünftigen Zeitpunkt während der andere bereits heute dafür zahlt.[18]

Außerdem kann man zwischen Märkte für originäre und derivate Wertpapiere unterscheiden. Die originären Papiere sind Kapitalgüter, die ihren Wert aus den mit ihnen verknüpften Ansprüchen abgeleitet bekommen. Der Wert der derivativen Papiere wird dagegen aus der Preisentwicklung eines anderen, üblich eines originären Papiers gebildet.[19]

Wichtig zu erwähnen ist, dass die Kapitalmärkte seit Jahren einem Konsolidierungstrend ausgesetzt worden sind. Beispielsweise entstand durch einen Zusammenschluss von der Nasdaq mit Amex die Nasdaq-Amex Market Group, aus der DTB und SOFFEX wurde Eurex, die skanidavischen Kapitalmärkte (Kopenhagen, Island, Oslo, Stockholm) haben die Nordic Exchanges (Norex)-Allianz gebildet.[20]

[15] Vgl. Loistl (2001), S. 4
[16] Vgl. Hauser (2003), S. 89 in Anlehnung an Achleitner (2000)
[17] Vgl. Loistl (2001), S. 4; Ramser (2001), S. 7
[18] Vgl. Hauser (2003), S. 88 f. in Anlehnung an Achleitner (2000); Loistl (2001), S. 4
[19] Vgl. Loistl (2001), S. 5
[20] Vgl. Ludwig (2004), S. 424

2.3 Börsen

Bei den Handelssystemen wird zwischen Marktplätzen und bilaterale Systeme unterschieden. Zu den Marktplätzen gehören die Börsen und die Wertpapierhandelssysteme. Die bilateralen Systeme sind durch „counterparty systems“ repräsentiert.[21]

Die Börsen werden nach primären und sekundären Märkten weitergegliedert. Auf den primären Finanzmärkten werden die Wertpapiere zum ersten Mal platziert (Neuemissionen). Die traditionellen Börsen sind sekundäre Finanzmarktstrukturen, die den Austausch der Finanzinstrumente organisieren. Der Wertpapierhandel findet mit Urkunden statt, die ein privates Recht verbriefen.[22] Diese sind Aktien, festverzinsliche Wertpapiere (Renten), Devisen oder standardisierte derivate Finanzinstrumente. Der Handel muss dabei transparent sein und zu geringen Transaktionskosten stattfinden.[23] Die Rahmenbedingungen (Börsen- und Aktiengesetz) werden vom Staat vorgegeben, der auch anerkennt, reguliert und überwacht die Handelsplätze. Die Börsen ihrerseits haben selbstregulierende Organisationen, die den Handel gestalten und Aufsichtsaufgaben übernehmen. Die Geschäfte finden nur zwischen den Mitgliedern der Börse statt, die gleichzeitig die Zugangsmakler der Investoren repräsentieren.[24] Die Börsenbetreiber müssen dabei eine Marktorganisation ermöglichen, die ein liquider, fairer und kostengünstiger Handel sicherstellt.[25] Gleichzeitig müssen die sekundären Märkte ein Mechanismus zur Bewertung von Aktien und von Ansprüchen auf Finanzströme ermöglichen.[26]

Die Marktteilnehmer in einer Börse sind:[27]

- Personen, die für die Preisfeststellung direkt zuständig sind (Kursmaklern, Händlern, Brokern, Market-Maker, Clearing Haus)
- Auftraggeber eines Handelsgeschäftes (institutionelle und private Investoren als Käufer oder Verkäufer)
- Organisationsmitglieder der Handelsplattform

---

[21] Vgl. BSK (2001), S. 8
[22] Vgl. Kümpel und Hammen (2003), S. 17; Gomber (2000), S. 16; Knips (2000), S. 219; Röhrl (1996), S. 8
[23] Vgl. Gomber (2000), S. 17
[24] Vgl. Hauser (2003), S. 96; Loistl (2001), S. 6; Prechtel (2001), S. 9
[25] Vgl. Gomber (2000), S. 17
[26] Vgl. Santomero, Babbel (1997), S. 423
[27] Vgl. Bortenlänger (1996), S. 23; Picot u.a. (1996), S. 13 f.

Sie versuchen auf der Börse Liquidität zu beschaffen, durch Spekulationen Gewinne zu erzielen, Vermögen aufzubauen oder Finanzpositionen abzusichern (Hedging).[28]

Der Handelsprozess durchläuft wie eine Prozesskette mehrere Phasen.[29] Für jede Phase sind spezifische Informationen nötig (Tabelle. 1). Die Informationsphase ist mit der Sammlung von Informationen in Bezug auf die gewünschte Transaktion über das Risiko oder die Gewinnerwartung verbunden. Falls es zu einem positiven Ergebnis kommt, wird dann in der Orderroutingphase der Auftrag zum Kauf oder Verkauf direkt am Markt oder durch einen Zwischenhändler gegeben. In der Abschlussphase erfolg das tatsächliche Geschäft, nämlich der gewünschte Austausch, aber nur unter der Bedingung, dass es eine Gegenseite (order-driven-market) gefunden wurde oder ein Market-Maker (quote-driven-market) existiert. In dieser Phase wird auch der Preis festgelegt. In der letzten, Abwicklungsphase erfolgt das Clearing (Abrechnung der getätigten Abschlüsse) und Settlement (Zahlung und Lieferung der Titel) des Geschäftes.[30]

Initiierungsphase	**Orderroutingphase**	**Abschlussphase**	**Abwicklungsphase**
Marktdaten	Volumen	Kurs	Vertragsdaten
Produktdaten	Limit	Volumen	Buchungsdaten
Handelsorte	Ausführungsort	Vertragspartner	
Gebühren			

Tabelle 1 Informationsbedarf je Handelsphase[31]

Die Börsen können nach sehr verschiedenen Kriterien gegliedert werden. Eine unvollständige Systematisierung zeigt Tabelle 2. Obwohl es unterschiedliche Möglichkeiten zum Besitzwechsel von Wertpapiere existieren und unterschiedliche sekundäre Marktstrukturen in denen dies vollzogen wird, gibt es bestimmte sekundäre Organisationsformen, die alle Ausprägungen beinhalten. Diese sind die Börse

[28] Vgl. Book (2001), S. 19 ff.; Spencer (2000), S. 75
[29] Vgl. Mühlberger (2004), S. 2
[30] Vgl. Fischer, Kunz (2001), S. 757;Gomber (2000), S. 11 und 18 ff.; Bortenlänger (1996), S. 23
[31] Bortenlänger (1996), S. 23

im klassischen Sinne als organisierter Handel, die telephonischen Netzwerke und die Schwarzmärkte.[32]

Der organisierte börsliche Handel vollzieht sich auf Märkte, die hoch liquide sind und auf denen Geschäfte mit standardisierten und leicht handelbaren Handelsobjekten durchgeführt werden. Die Preise der Wertpapiere sind dabei das Ergebnis von Angebot und Nachfrage nach den Papieren.[33] Auf den Börsen treffen Käufer oder Broker der Käufer und Verkäufer oder seine Agenten aufeinander um den Austausch zu vollziehen.[34]

Die nächste sekundäre Struktur sind die telefonischen Netzwerke auch als „over-the-counter“ (OTC) Märkte bekannt. Ursprünglich wie der Name verrät, fand der Handel außerbörslich zwischen den Teilnehmer über das Telefon in ihren Officebüros statt. Heutzutage ist das Netzwerk mit Rechnern aufgebaut. Diese Art von Märkten ist dezentralisiert, ohne staatliche Regulierung und mit kundenspezifischen Transaktionen. Falls ein Investor bestimmte Wertpapiere kaufen möchte, setzt er sich dann mit einigen Händlern, die in ihren Listen die gewünschten Finanztitel haben, in Verbindung und kauft von demjenigen, der den günstigsten Preis anbietet. Dadurch werden Kosten für die Intermediäre erspart. Diese Märkte sind eine Ergänzung zu den Börsen indem sie der Investoren maßgeschneiderte Geschäfte ermöglichen.[35]

Der dritte Markt ist der Schwarzmarkt. Hier sind vor allem institutionelle Investoren und Großhändler tätig, die Transaktionen von großen Aktienpaketen vornehmen. Dadurch werden Verzerrungen in dem Kauf- oder Verkaufspreis vermieden. Die Teilnehmer treten in den meisten Fällen direkt miteinander und verhandeln über den Preis. Dadurch werden hohe Transaktionskosten vermieden.[36]

Die Börsen besitzen außerdem bestimmte Merkmale, die sie als eine solche Organisation charakterisieren. Einige davon sind:[37]

1. Örtliche und zeitliche Handelszentralisierung (physischer Handelsplatz)
2. Exklusive Teilnahme von professionellen Händlern (Specialists, Broker)

---

[32] Vgl. Choudhry (2001), S. XXI f.; Santomero, Babbel (1997), S. 423
[33] Vgl. Loistl (2001), S. 6
[34] Vgl. Santomero, Babbel (1997), S. 423
[35] Vgl. Book (2001), S. 34; Loistl (2001), S. 6; Gomber (2000), S. 2 und 35; Bortenlänger (1996), S. 21
[36] Vgl. Santomero, Babbel (1997), S. 425
[37] Vgl. Mühlberger (2004), S. 2; Book (2001), S. 27; Prechtel (2001), S. 6; Picot u.a. (1996), S. 9

3. Zusammenschluss der professionellen Händler zu einem Verbandvertrieb
4. Verbandvertrieb verfasst die Handelsregeln
5. Verbandvertrieb ist der Eigentümer über die Infrastruktur der Marktveranstaltung (dieser Merkmal wird jedoch in der Zukunft aus der Definition einer Börse ausgeschlossen, weil viele Börsen selbst an die Börse gegangen sind, und jetzt die Marktteilnehmer die Eigentümer sind. Beispiele sind die ASX, CME, CBOT, NYMEX oder die Deutsche Börse AG)[38]
6. Handel ausschließlich mit vertretbaren (fungiblen) und standardisierten Finanzinstrumenten (Wertpapiere)
7. standardisierte Vertragsbedingungen für das Zustandekommen und die Abwicklung der Geschäfte
8. Physische Abwesenheit (Vertretbarkeit) der Handelsobjekte
9. Zusammenkunft und Abschluss der Geschäfte an einem bestimmten Ort

Eine wichtige Aufgabe, die die Börsen zu erfüllen haben, ist die Sicherstellung des Ablaufes von standardisierten Transaktionsprozessen mit standardisierten Handelsprodukten.[39] Dadurch kann ein kontinuierlich existierender Markt für Finanzinstrumente gebildet werden. Das bedeutet, dass zu jederzeit ein Wertpapier zu dem gewünschten oder einen annährenden Preis sofort gekauft und verkauft werden könnte. Diese Preise gelten auch als ein Vergleichsmaß, mit dem der Wert der Neuemissionen verglichen und festgestellt werden könnten.[40]

Die Entwicklungen der Informations- und Computertechnologien sowie der starke nationale und internationale Börsenwettbewerb hat die Börsen gezwungen die Handelsplätze zu modernisieren. Die zusätzliche Elektronisierung des Handels war auch nötig um die Konkurrenz der immer wachsenden Alternative Trading Systems zu begegnen. Außerdem werden dadurch die Wünsche und Bedürfnisse vieler Anleger und insbesondere der institutionellen Investoren berücksichtigt.[41] Diese Modernisierung ist Betrachtungsgegenstand des nächsten Kapitels.

[38] Vgl. Book (2001), S. 2 f.;Prechtel (2001), S. 14
[39] Vgl. Röhrl (1996), S. 16 ff.
[40] Vgl. Book (2001), S. 15; Santomero, Babbel (1997), S. 424
[41] Vgl. Harris (2003), S. 543; Ludwig (2002), S. 1; Budimir (2001), S. 25

2.4 Elektronische Handelssysteme

Der verstärkte Börsenwettbewerb und die Veränderungen im technischen und technologischen Bereich haben die Entwicklung der elektronischen Handelssysteme hervorgerufen. Dadurch hat sich der Börsenbegriff grundlegend verändert, weil der neue Handelsablauf nicht mehr an einem physischen Ort stattfindet, sondern in einem virtuellen Netz.[42] Die Fortschritte der Kommunikationstechnologien bewegen die Handelssysteme zur Konsolidierung und Globalisierung. Der Handel ist nicht mehr standortbezogen.[43]

Durch die Veränderungen hat sich auch der Handelsbegriff verändert. Ein Beispiel dafür war die im Juli 1989 vollzogene Änderung des deutschen Börsengesetz von 1896, indem die Börse als „Handel am gleichen Ort" definiert wurde. Der neue Text beinhaltet auch die elektronisch übermittelten Willenserklärungen als eine Art von Börsengeschäften. Dadurch war es möglich die Deutsche Terminbörse (DTB) als ortlose Computerbörse anerkannt zu werden.[44] In den USA hat die SEC im Februar 2000 zum ersten Mal seit 1973 eine neue Börsenzulassung erteilt, obwohl es sich in keiner Börse im klassischen Sinne handelt. Die neue Börse heißt International Securities Exchange (ISE) und bietet elektronischer Handel mit Optionen an.[45]

Das Parketthandel kann durch die Elektronisierung vollständig abgelöst werden, weil die Computersysteme in jeder Phase des Handelsprozesses ihren Einsatz finden.[46] Die modernen Handelssysteme wie Xetra oder Eurex sind ein fest integrierter Bestandteil des modernen Wertpapierhandels und haben Marktanteile im Kassa- und im Terminhandel, die viel größer als denen des Parketthandels z.B. an der FWB oder der LIFFE sind.[47] Wichtige Unterschiede zwischen den traditionellen Börsen und der elektronischen Handelssystemen, sind:[48]

- Elektronische Handelssysteme sind ortsungebunden und ermöglichen kontinuierliche multilaterale Interaktionen. Dies ermöglicht grenzüberschreiten-

---

[42] Vgl. Ludwig (2002), S. 43; Gomber (2000), S. 1; Röhrl (1996), S. 14
[43] Vgl. Claessens u.a. (2001), S. 12
[44] Vgl. Prechtel (2001), S. 11 f.; Röhrl (1996), S. 14
[45] Vgl. Book (2001), S. 3
[46] Vgl. Fischer, Kunz (2001), S. 757
[47] Vgl. Gomber (2000), S. VII
[48] Vgl. CGFS (2001), S. 9 f.

de M&As zwischen den Handelssystemen, die zu einem größeren Ausmaß der Systemen führen können,

- Elektronische Handelssysteme sind skalierbar. Das bedeutet, dass eine Erhöhung des gesamten Handelsvolumens durch eine Erweiterung der Systemkapazitäten leicht begegnet werden kann. Dadurch werden Economies of Scale und Reduzierung der operativen Kosten erreicht,
- Elektronischer Handel ist integriert. Der ganze Handelsprozess kann „straight-through“ durchgeführt werden, während in den traditionellen Börsen unterschiedliche Teile der Prozesse von unterschiedlichen Systemen betreut werden.

Durch eine Verlängerung des Handelstags auf 24-Stunden kann die zeitliche Begrenzung des Handels eliminiert werden. Beispielsweise hatte dieses Ziel die Börsenkooperation zwischen der Chicago Board of Trade (CBOT) und der London International Financial Futures and Options Exchange (LIFFE), indem sie auch auf die asiatischen Märkte ausgeweitet wurde.[49]

Die elektronischen Handelssysteme stellen elektronische Märkte dar, die nicht mehr an einem physischen Ort stattfinden, sondern in einem globalen Netz. Die Wertpapiere besitzen einen fungiblen Charakter, der ihre Transportierbarkeit auf der ganzen Welt ermöglicht.[50] Die Marktteilnehmer haben die Möglichkeit ihr Handel auf Börsen, die effizient, kostengünstig und liquide sind, mit verbesserten Risikomanagementmöglichkeiten zu den besten Bedingungen (best execution) abzuschließen.[51] Die Systeme ermöglichen bessere Preisbestimmung, weil die elektronische Ausführung und Angleichungstechniken die Marktmanipulation reduzieren.[52] Die Transaktionen, Clearing, Settlement und Informationsverarbeitung können schnell und zu geringen Kosten durchgeführt werden. Die elektronischen Handelssysteme bieten höhere Servicequalität durch verbesserte Transparenz und größere Liquidität. Komplexe Strategien einschließlich des Programmhandels können leichter durchgeführt werden.[53]

---

[49] Vgl. e-cbot (LIFFE CONNECT) (2005), S. 1; Prechtel (2001), S. 12 f.; Röhrl (1996), S. 14
[50] Vgl. Ludwig (2002), S. 43
[51] Vgl. Ludwig (2002), S. 43; CGFS (2001), S. 9
[52] Vgl. Claessens u.a. (2001), S. 12
[53] Vgl. Ludwig (2002), S. 44

Merkmale des elektronischen Handels sind die folgenden Dienstleistungen:[54]

- electronic order routing (Übermittlung der Orders der Teilnehmer an das Ausführungssystem),
- automated order matching and trade execution (Umformung der Orders durch ein Algorithmus in Handelsabschlüsse, die sich aus Transaktionspreisen und –mengen zusammensetzen),
- electronic dissemination of pre-trade (Geld/Brief-Preise und Tiefe),
- post-trade information (Transaktionspreis und Volumensgrösse).

Der gesamte Transaktionsprozess ist automatisiert. Die Orders werden computergestützt am Terminal eines Orderausführungssystems eingegeben. Danach werden sie automatisch an die Computerbörse mittels Datenfernübertragung (automated oder routing) übermittelt. Die ausführbaren Aufträge werden dann automatisch zusammengeführt. Die Abwicklung von Lieferungs- und Zahlungsverpflichtungen aus den Börsengeschäften (automated clearing and settlement) erfolgt durch Weiterleitung der Transaktionsdaten. Am Ende der Transaktionskette findet automatische Verbreitung von Handelsinformationen an die Marktteilnehmer (automated information dissemination) statt.[55]

Die Definition "elektronischer Handel" beinhaltet eine Vielfalt von Systemen, die von einfachen Order-Übermittlungsdienstleistungen bis vollständig Handelsausführungsausstattungen reicht.[56] Nach RUDOLPH/RÖHRL sind die Arten des elektronischen Handels die Computerbörse im engeren Sinne (integrierte Computerbörse) und die Computerbörse im weiteren Sinne. Die erste ist vollständig automatisiert. Alle Phasen einer Wertpapiertransaktion werden automatisch ausgeführt (z.B. die Eurex). Die zweite Art ist durch eine Teilautomatisierung der Transaktionsprozesse gekennzeichnet. Beispiele sind die SEAQ und Nasdaq.[57]

SCHENK andererseits definiert vier Evolutionsstufen des elektronischen Handels (Tabelle 3). Die relevanten Gesichtspunkte dabei sind der Umfang der von ihnen

[54] Vgl. Hendershott (2003), S. 11; CGFS (2001), S. 9
[55] Vgl. Ludwig (2002), S. 45
[56] Vgl. CGFS (2001), S. 9
[57] Vgl. Ludwig (2002), S. 45 f. in Anlehnung an Rudolph/Röhrl (1997)

adaptierten Informations- und Kommunikationstechnologien (IuKT) und der Automatisierung der Teilprozesse des Wertpapierhandels:[58]

- Computerunterstützte Parketthandelssysteme
- Computerunterstützte Handelssysteme
- Computerhandelssysteme
- Computerbörsen

Außer der computerunterstützten Parketthandelssysteme handelt es sich bei den anderen Systemen um elektronische Handelssysteme. Während bei den computerunterstützten Handelssystemen die Wertpapieraufträge in einem elektronischen Orderbuch nur angezeigt werden, wird bei den Computerhandelssystemen auch der Handelsabschluss automatisch durchgeführt. Anders bei den Computerbörsensystemen ist, dass zusätzlich das Clearing und Settlement in das elektronische System integriert sind (siehe Abbildung 1).[59]

Der elektronische Handel kann als eine Annährung des neoklassichen theoretischen Konstrukts eines "idealen Marktes" angesehen werden. Die Theorie beschreibt ein idealer Markt u.a. durch unbeschränkten Wettbewerb, völlige Transparenz, keine hierarchische Einflussnahme, keine Transaktionskosten, kostenloser Informationszugang, gleicher Informationsverarbeitung und unendlich hohe Transaktionsgeschwindigkeit.[60] Die Teilnehmer an einem Computersystem können sehr viele sein. Die Informationen werden schnell und kostengünstig verbreitet. All dies hat positive Effekte auf dem Wettbewerb und der Transparenz. Die Computerisierung erlaubt hohe Geschwindigkeit bei der Durchführung der Transaktionen.[61]

Die Ausführung der Aufträge findet in dem Computersystem statt, daher ist keine menschliche Aktion zum Ausgleich von Angebot und Nachfrage nach Finanzinstrumenten nötig. Die üblichen Maklerfunktionen wie Kursfeststellung, Spitzenausgleich und Bereitstellung der Liquidität werden automatisch durch den Computer bewerkstelligt. Kursmakler und Market-Maker werden eliminiert, somit können die Investoren ihre Geschäfte ohne Intermediation abschließen.[62]

---

[58] Vgl. Ludwig (2002), S. 46 ff.; Gomber (2000), S. 26; Schenk (1997), S. 83 ff.
[59] Vgl. Mühlberger (2004), S. 2; Kirchner (1999), S. 44
[60] Vgl. Bodendorf, Robra-Bissantz (2003), S. 206
[61] Vgl. Bodendorf, Robra-Bissantz (2003), S. 206; Knips (2000), S. 226
[62] Vgl. Ludwig (2002), S. 45

Eine Art der elektronischen Handelssysteme sind die Alternativen Handelssysteme, die auch durch eine hohe Computerisierung gekennzeichnet sind.

2.5 Alternative Trading Systems

Die Alternativen Handelssysteme haben in den letzten Jahren ihren Platz auf den Wertpapiermärkten errungen und stehen heute als potenzielle Konkurrenz zu den traditionellen Börsen und deren elektronischen Systemen.[63] Die ATS haben ihren Ursprung "aus dem außerbörslichen Handel von Blocktransaktionen institutioneller Investoren"[64] in den siebziger Jahren und erlauben der Marktteilnehmer direkt miteinander, Handel auf elektronischem Wege zu betreiben.[65] Zuerst waren sie kostengünstige, elektronische Variante des institutionellen Blockhandels.[66] Die Entwicklung hat sich in den nicht standardisierten OTC Märkte vollzogen.[67] Diese unterstützenden Systeme wurden danach zu Netzwerken mit hohem Organisationsgrad weiterentwickelt.[68] Am Anfang waren die Systeme nur für institutionelle Investoren, Broker-Dealers, Specialist und andere Marktprofessionalisten zugänglich. Die neusten Fortschritte bei der IuK haben es jedoch ermöglicht, dass auch private Anleger die Systeme nutzen können.[69] Die ATS erlauben niedrige Transaktionskosten, Servicequalität (Schnelligkeit) und/durch technischen Vorsprung.[70]
Die Handelssysteme sind sehr schnell im Vergleich zu den traditionellen Börsen und im Allgemeinen billiger zu benutzen und verwalten. Die Händler können ihre Aufträge unmittelbar kontrollieren. Die Systeme sind sehr gut geeignet für Investoren, die ihren Broker nicht vertrauen oder für große Institutionen, die keine große Investmentteams bilden wollen. Die ATS ermöglichen Austausch von personenbezogenen Informationen vor dem Handel. Außerdem können die Broker nach Händler und Investoren suchen um ihre Orders zu füllen. Die verstärkte Benutzung der IuK erlaubt die Gewinnung und Ausnutzung enormer economies of scale.[71]

---

[63] Vgl. Böhme (2004), S. 1; Ludwig (2004), S. 421; Ludwig (2002), S. 68
[64] Ludwig (2003), S. 515
[65] Vgl. Ludwig (2004), S. 421; Ludwig (2002), S. 65
[66] Vgl. Böhme (2004), S. 1
[67] Vgl. CESR (2002), S. 2
[68] Vgl. Ludwig (2004), S. 421
[69] Vgl. Gaa u.a. (2001), S. 49
[70] Vgl. Pöll (2004), S. 2
[71] Vgl. Harris (2003), S. 553

Der Parketthandel ist durch verbale Handlungen gekennzeichnet, während bei den ATS automatische regelbasierte Systeme der Handel übernehmen. Gemeinsam ist jedoch, dass beide als Märkte organisiert und nach einfachen Regeln Kauf- und Verkaufsaufträge miteinander verglichen werden können.[72]

Die rechtliche Grundlage für die Geschäfte auf den Börsen ist das Börsenrecht, während bei der ATS mittels privatrechtlicher Verträge und Allgemeine Geschäftsbeziehungen die Geschäfte abgeschlossen werden. Außerdem fehlen bei den außerbörslichen Märkten die Zulassungsverfahren für Wertpapiere und die Marktaufsicht.[73] In Deutschland z.B. werden jedoch auch die börsenähnlichen Einrichtungen der Überwachung durch die Börsenaufsichtsbehörde unterstellt.[74] Die aktuellen regulatorische Vorstöße in dem Bereich des elektronischen Handels bestimmen, welchen Platz die ATS in den USA und Europa zukünftig einnehmen werden. Die Wertpapierdienstleistungsrichtlinie der EU hält nach dem Leitsatz „Gleiche Regulierung für gleiche Funktionen" fest, dass zwischen Börsen und ATS Wettbewerbsneutralität herrschen soll. In den USA dagegen werden durch die Neuregelungen des Wertpapierhandelsrechts die Wertpositionen von Börsen und ATS stark verschoben, ohne dass eine bestimmte Richtung bekannt ist.[75]

Die klassische Organisationsform einer Börse sieht ihre Zugehörigkeit den Händlern vor. Typisches Merkmal war das Bilden einer Verbandorganisation, die für die Handelsregeln und die Infrastrukturinvestitionen zuständig war. Das moderne Modell trennt sich von dieser Organisationsstruktur. Die ATS gehören nicht den Wertpapierhändler, sondern werden von einem Dritten, der vorwiegend nicht am Handel beteiligt ist als Handelsplattformen zur Verfügung gestellt. Dafür bekommt der Börsenbetreiber von den Beteiligten eine Gebühr.[76] Die Eigentümer von ATS sind etablierten Marktteilnehmern wie Broker (z.B. Cantor Fitzgerald), Banken (z.B. Citibank) oder Außenseitern.[77] Außerdem kann ein Handelssystem

[72] Vgl. ebenda, S. 544
[73] Vgl. Mühlberger (2004), S. 2; Ludwig (2002), S. 72
[74] Vgl. Mühlberger (2004, Fussnote 2); Kümpel, Hammen (2003), S. 38 ff.
[75] Vgl. Mühlberger (2004), S. 1
[76] Vgl. Ludwig (2004), S. 421; Röhrl (1996), S. 15
[77] Vgl. Ludwig (2002), S. 70; Gomber (2000), S. 56

von Investmentfonds oder Nachrichtengesellschaft (Reuters) gekauft oder gegründet werden.[78]

2.5.1 Allgemeine Definitionsbetrachtung

Die Definition der Alternativen Handelssystemen ist durch deren Vielfältigkeit und das unterschiedliche Verständnis in den Ländern kaum möglich zu bestimmen. Dennoch gibt es Gemeinsamkeiten, die für alle Handelsplattformen charakteristisch sind. Für dieses Buch werden die ATS anhand dieser Merkmale beschrieben und anschließend nach geographischen Regionen weiterbetrachtet.

Eine allgemeine Definition von Alternativ Trading Systems nach SALOMON SMITH BARNEY bezeichnet diese als „a trading mechanism developed independently from the established market places and designed to match buyers and sellers on an agency basis".[79] LEE benennt die Systeme durch das Akronym "MONSTER" (Market-Oriented New System for Terrifying Exchanges and Regulators).[80]

Die ATS erstrecken sich von einfachen Abbildungen potentieller Handelspartner bis hin zu vollintegrierten Handelspattformen mit strategischen Transaktionsoberflächen und Abwicklungsfunktionen.[81] Das wichtigste Merkmal aller Systeme ist der hohe Grad der Elektronisierung durch modernen IuKT. Der Transaktionsprozess wird automatisch durchgeführt, ohne dass die Systeme eine Finanzierungs- oder Risikoträgerfunktion innehaben.[82] Für den Aufbau von ATS werden Informationsnetzwerke und Informationsbearbeitungssysteme, die die Kunden überprüfen, Aufträge akzeptieren, ausführen und Handelsberichte sowie Berichte über den Stand der Orders erstatten müssen gebraucht. Die Funktionen müssen dabei zuverlässig, sicher und schnell sein.[83] Das Schlüsselkonzept der Alternativen Handelssystemen ist das Angebot eines zentralen Orderbuchs.[84] Die ATS bieten Echtzeitausführung der Orders, weltweiter Zugang zu Handelsplätzen und innovative Anlagekategorien. Außerdem geben sie der Teilnehmer die Möglichkeit zwi-

[78] Vgl. Neubauer (2001), S. 105; Gomber (2000), S. 56
[79] Vgl. Degryse, Van Achter (2002), S. 2
[80] Vgl. Ludwig (2002), S. 66
[81] Vgl. Böhme (2004), S. 1
[82] Vgl. Ludwig (2002), S. 69
[83] Vgl. Harris (2003), S. 549
[84] Vgl. Luwig (2004), S. 425

schen maßgeschneiderten Marktmodellen zu wählen.[85] Die Auftragseingabe und –zusammenführung finden auf elektronischem Weg anhand grafischer Benutzeroberflächen, elektronischer Schnittstellen und vielfältiger Netzwerk bzw. Internetkomponenten statt.[86] Die Systeme erlauben der Investoren Anonymität und Beachtung individueller Transaktionswünsche bei den Transaktionsdienstleistungen ohne einen Zwischenhändler.[87] Dadurch werden die Transaktionskosten und die Geld-Brief-Spannen gesenkt sowie eine Vermeidung des „market impact" großer Blocktransaktionen ermöglicht.[88] Unter „market impact" sind die Preisbewegungen zu verstehen, die in der Zeitperiode zwischen der Kaufentscheidung und der tatsächlichen Transaktion zum Nachteil des Auftraggebers verursacht werden. Beispielsweise steigen die Preise bei einem Kaufauftrag und sinken bei einem Verkaufsauftrag.[89] Merkmale der Geschäftsmodelle von ATS sind außerdem häufig die kundensegmentspezifische Wertschöpfungskonzentration und die elektronisch getriebene Disintermediation des Wertpapierhandels.[90]

Die ATS sind computerbasierte und automatisierte Handelssysteme, die die Auftragsausführung erleichtern und den Marktteilnehmern direkt an der Preisfindung beteiligt zu sein erlauben. Im Vergleich zu den traditionellen Börsen, pflegen die Systeme größere Preiskonkurrenz, verbesserte Geschwindigkeit der Auftragsausführung, engere Geld-Brief-Spannen und niedrigere Transaktionskosten. Der Erfolg der ATS ist auch Folge der Dienstleistungen, die sie anbieten, wie Management der „reserve size", Anonymität oder direkter Marktzugang für Institutionen. Die Systeme tragen zur billigeren Auftragsausführung und Preisverbesserung bei.[91]

Die meisten ATS bieten den Handelsteilnehmern ein Kommunikationsnetzwerk, das ein elektronisches Order-Matching-System beinhaltet. Dieses System besteht aus einem Buch, das die limitierten Kauf- und Verkaufsorders enthält. Ein Geschäft kann abgeschlossen werden, wenn zwei Gegenparteien Orders abgeben, die sich danach als komplementär erweisen. Der Handel wird dann an das Quotierungssys-

[85] Vgl. Mühlberger (2004), S. 1
[86] Vgl. Böhme (2004), S. 35
[87] Vgl. Ludwig (2003), S. 515
[88] Vgl. Ludwig (2002), S. 68
[89] Vgl. Loistl (2001), S. 29
[90] Vgl. Böhme (2004), S. V
[91] Vgl. Unger (2001), S. 2

tem mitgeteilt. Die Systeme bieten Auktionsmöglichkeiten mit Einheitskursbildung oder fortlaufendem Handel, Market-Maker-Systeme sowie Direkthandel zwischen den Marktteilnehmern. Manche Plattformen benutzen für ihren Preisbildungsmechanismus Informationen aus den Referenzmärkten, während andere die Preise selbst bilden. Außerdem können die Handelssyteme Marktdaten veröffentlichen, Orders ausführen und teilweise sogar Clearing und Settlementfunktionen ausüben.[92] Im Vergleich zu anderen Handelsmärkten bieten die ATS verlängerte Handelszeiten.[93] Beispiele für Alternative Trading Systems sind die Bulletin-Boards, die Auction Based Systems, die Crossing Systems, die Electronic Communications Networks (ECN) oder die Proprietary Trading Systems (PTS).[94]
Nachfolgend wird betrachtet wie die ATS in den USA und Europa durch die dort zuständigen Organisationen definiert worden sind.

2.5.2 Spezifische Begriffsbestimmung der ATS in den USA

Die ATS haben ihren Ursprung in den USA. Bereits im Jahr 1969 wurden dort die ersten Alternativen Handelssysteme gegründet.[95] Heutzutage haben unterschiedliche Entwicklungen in den USA zu der Bildung verschiedener Arten von Märkten geführt. Sie stehen alle im Wettbewerb und handeln gleichzeitig mit den gleichen Wertpapieren, ungeachtet davon, wo die Handelsobjekte gelistet werden. Die Marktarten sind:[96]

1. Traditionelle Börsen mit aktivem Handelsparkett, das jetzt durch das Angebot automatisierter und manueller Handel weiterentwickelt wird,
2. Reine elektronische Märkte, die sowohl „limit orders“ als auch „conditional orders“ anbieten. Sie unterstützen komplexe Handelsstrategien,
3. Market-Making-Wertpapierhändler, die die automatische Ausführung kleiner Aufträge und die Kapitalbindung durch Ausführung großer, institutioneller Orders anbieten,

---

[92] Vgl. Ludwig (2002), S. 71 f.
[93] Vgl. Böhm (2004), S. 126
[94] Vgl. Ludwig (2004), S. 421 ff.; CESR (2000), S. 4
[95] Vgl. Marshall, Carlson (1985), S. 285
[96] Vgl. SEC (2004b), S. 77425

4. Regionale Börsen, von denen viele, automatische Systeme für die Ausführung kleiner Aufträge übernommen haben,
5. Automatisierte Zusammenführungssysteme, die der Investoren, vor allem große Institutionen, die Suche nach Gegenparteien für den Handel mit minimaler Öffentlichkeitsbekanntgabe und „price impact“, ermöglichen.

Die zuständige regulatorische Organisation für die ATS in den USA ist die Securities Exchange Commission (SEC).[97] Gesetzliche Basis für die Alternative Handelssysteme in den USA sind Rule 600(b)(2) in Verbindung mit Regulation ATS.[98] Diese regulatorische Bestimmungen geben der ATS die Möglichkeit entweder als Marktteilnehmer in Form eines Broker-Dealers, oder als ein gesonderter Markt in Form eines „national securities exchanges“ zu agieren.[99] Die SEC definiert die ATS als: “any organization, association, person, group of persons, or system that

1. constitutes, maintains, or provides a marketplace or facilities for bringing together purchasers and sellers of securities or for otherwise performing with respect to securities the functions commonly performed by a stock exchange under Exchange Act Rule 3b-16 and
2. does not: (i) set rules governing the conduct of subscribers other than the conduct of such subscribers’ trading on such organization, association, person, group of persons, or system, or (ii) discipline subscribers other than by exclusion from trading”.[100]

Die im Dezember 1998 entworfene Regulation ATS hatte als Ziele einen regulatorischen Rahmen für die Handelssysteme zu schaffen und sie in das nationale Marktsystem zu integrieren. Obwohl die Organisationsformen der Systeme freiwillig gewählt werden können, hat sich die SEC das Recht gewährt, im öffentlichen Interesse ein ATS zur Registrierung als „exchange“ zu fordern. Dies geschieht sobald über ein ATS während der drei von vier Kalenderquartale 40 % oder mehr von dem durchschnittlichen Dollar-Handelsvolumen in irgendeiner Wertpapierklasse gehandelt wurden.[101]

---

[97] Vgl. Ludwig (2002), S. 72
[98] Vlg. SEC (2004b, Fussnote 141), S. 77444
[99] Vgl CESR (2000), S. 8; SEC (2000a), S. 7; SEC (1998), S. 1
[100] SEC (1998), S. 54 und 289
[101] Vgl. CESR (2000), S. 8

Wenn sich ein ATS als „exchange“ registriert, muss das System alle Anforderungen, die auch für nationale Wertpapierbörsen gelten, erfüllen. Somit müssen die ATS im Stande sein alle Self Regulatory Organizations (SRO)-Funktionen vorzunehmen.[102]

Die ATS, die sich als „broker-dealers“ anmelden, müssen die spezifischen in Regulation ATS Anforderungen erfüllen, die sich auf das Handelsvolumen beziehen. Wenn ihr Handelsvolumen in irgendeinem Handelsobjekt weniger als 5 % ist, müssen dann bestimmte Berichtsanforderungen erfüllt werden.[103] Wenn der Handelsvolumen größer als 5 % ist, muss dann das ATS:[104]

- sich mit einer registrierten Börse oder das NASD verbinden und öffentlich die besten Preisen der Aufträge (plus die institutionellen Orders) anzeigen und
- der Marktteilnehmer der Börse und des NASD die Möglichkeit geben, Gegenorders abzugeben.

Ein ATS mit einem Handelsvolumen größer als 20 % muss außer den oben genannten Bedingungen auch:[105]

- sicherstellen, dass das automatische System der notwendigen Kapazitäts-, Integritäts- und Sicherheitsstandards erfüllt und
- kein Systemzugang gewähren, sobald es sich um unfair verhaltende Investoren handelt.

Die kleinen Systeme, die sich als „broker-dealers“ registrieren, müssen einige Veränderungen in den regulatorischen Anforderungen erfahren. Diese ATS unterliegen der Aufsicht einer SRO. Das System hat ein limitiertes Volumen und muss der SEC informieren wie sie operiert. Außerdem muss sie Buchungskontrolle ausüben und Quartalsberichte erstatten.[106]

Kürzlich wurden die Neubestimmungen in den U.S. Wertpapiermärkten diskutiert. Die neue Regulation NMS sieht eine Änderung des Regulation ATS. Es geht um eine Modifikation des fairen Zugangs. Damit werden der Anforderungen bezüglich

[102] Vgl. Ludwig (2002), S. 83
[103] Vgl. Ludwig (2002), S. 86; CESR (2000), S. 9
[104] Vgl. CESR (2000); SEC (2000a), S. 8
[105] Vgl. Ludwig (2002), S. 87; SEC (2000a); CESR (2000), S. 9
[106] Vgl. SEC (2000a), S. 9

des fairen Zugangs von 20 % des durchschnittlichen Handelsvolumen auf 5 % reduziert.[107]

2.5.3 Spezifische Begriffsbestimmung der ATS in Europa

Die alternativen Handelssysteme in Europa sind mit einer Verzögerung von zwei Jahrzehnten nach dem erstmaligen in den USA 1969 gegründeten ATS Instinet, aufgetreten.[108] Dennoch ist die Definition von ATS in Europa nicht eindeutig. Unterschiedliche Terminologien, Gesetze und Interpretationen erlauben keine bestimmte Festlegung des Begriffs.[109] Nach den meisten Rechtsprechungen kann sich jedes Handelssystems, das als ATS anerkannt wird, entweder als „exchange" oder als „investment firm" registrieren.[110] Die in Europa ansässige Organisation FESCO/CESR definiert die ATS als:

"a multilateral system, operated by an entity, which without being regulated as a regulated market, brings together multiple third party buying and selling interests in financial instruments – in the system and according to non-discretionary rules set by the system's operator – in a way that results in a contract"[111].

Diese Definition von ATS umfasst alle multilateralen Systeme, wobei die bilateralen Systeme ausgeschlossen sind.[112] Ein Multilaterales Handelssystem („Multilateral trading facility"/MTF) ist ein System, das die Interessen multipler dritter Parteien am Kauf bzw. Verkauf von Finanzinstrumenten zusammenführt.[113]

Die ATS sind Unternehmen, die obwohl keine Börsenzulassung haben, ein automatisiertes System betreiben, das Kauf- und Verkaufinteressen zusammenbringt.[114] Es geht dabei um das Angebot und die Nachfrage nach Wertpapieren, Geldmarktinstrumente oder Derivate.[115] Diese automatisierten Systeme befolgen, die durch den Systembetreiber festgelegte Regeln in einer Weise, die zu einem unwiderruflichen Vertrag führt.[116] Der Handel findet mit „interests", die einen erwei-

[107] Vgl. SEC (2004b), S. 77454
[108] Vgl. Ludwig (2002), S. XI
[109] Vgl. Böhme (2004), S. 32; BSK (2001), S. 4; CESR (2000), S. 4
[110] Vgl. CESR (2002), S. 2; CESR (2000), S: 7;
[111] CESR (2002), S. 4
[112] Vgl. ebenda
[113] Vgl. BaFIN (2002), S. 54
[114] Vgl. BaFIN (2001), S. 46
[115] Vgl BaWe (2000), S. 8
[116] Vgl. Mühlberger (2004), S. 2; BaFIN (2001), S. 46

terten Ausdruck für Orders bedeuten. Das Zusammenführen und Ausführen von Transaktionswünschen findet in dem ATS statt.[117]

Die Unternehmen, die die ATS betreiben, werden als Wertpapierdienstleistungsunternehmen überwacht. Grund dafür ist die Tatsache, dass die Systembetreiber Wertpapierdienstleistungen entweder in Form der Anlage- oder Abschlussvermittlung oder im Wege des Eigenhandels für andere erbringen.[118]

Damit die ATS besser in dem Markt integriert werden und um die durch die Handelsplattformen eventuell entstehende Risiken zu beseitigen, wurden die so genannten Standards und Business Rules für ATS entworfen (Tabelle 4). Sie beinhalten die spezifischen Anforderungen, die ein elektronisches Handelsplattform in Europa erfüllen muss, damit es als ATS anerkannt wird.[119]

Das Europäische Parlament und das Rat über Wertpapierdienstleistungen und geregelte Märkte haben zur Harmonisierung des Wertpapierhandels in Europa die Richtlinie Markets in Financial Instruments Directive (MiFID) vorgeschlagen. Sie ist die Nachfolgerichtlinie der Wertpapierdienstleistungsrichtlinie von 1993 und bestimmt, dass die Wertpapieraufträge an jedem börslichen und außerbörslichen Handelsplatz (ATS) ausgeführt werden dürfen. Somit kann jeder Marktteilnehmer frei den Ausführungsort wählen. Voraussetzung dafür ist jedoch, dass die Regulierungsanforderungen an Börsen und ATS in bestimmten Bereichen angeglichen werden. Nur dadurch werden gleiche Rahmenbedingungen für die Investoren geschaffen und ihr Schutz sichergestellt.[120] Die MiFID beinhaltet auch die Einführung einer neuen Hauptwertpapierdienstleistung bezüglich des Betriebs eines MTFs. Damit wird es den Instituten, die diese Systeme betreiben, die Möglichkeit gegeben, sich als Wertpapierhaus unter Einhaltung der entsprechenden Aufsichtsregelungen registrieren lassen zu können.[121] Die MTFs werden definiert als Systeme, „die multilaterale Offenlegung fester Orders bzw. Interessenbekundungen zwischen den Systemnutzern sowie die Ausführung von Order vornehmen, die sich aus der Interaktion von Kauf- /Verkaufinteressen, die

---

[117] Vgl. CESR (2002), S. 4 f.
[118] Vgl. BaWe (2000), S. 8
[119] Vgl. CESR (2002), S. 8 ff.
[120] Vgl. Mühlberger (2004), S. 5; BaFIN (2003), S. 46 f.
[121] Vgl. BaFIN (2002), S. 20

über das System zusammengeführt wurden“[122]. Die ATS werden in der MiFID strengeren Regulierungsanforderungen als bisher unterworfen (Tabelle 5).[123]
Der Begriff “alternatives Handelssystem” (alternative trading system/ATS) wurde inzwischen auch verändert. Die Terminologie ist für einen Rechtstext nicht geeignet. Außerdem gibt die besondere Funktionalität der Einrichtungen, die für die neue Hauptdienstleistung zugelassen werden sollen, nicht wieder. Daher wurde der Begriff “alternativ” durch “multilateral” ersetzt.[124]

[122] Ebenda
[123] Vgl. CESR (2004b), S. 5; Mühlberger (2004), S. 5; BaFIN (2002), S. 114
[124] Vgl. CESR (2004b), S. 5; Mühlberger (2004), S. 5

3 Marktmikrostrukturtheorie von Finanzmärkten

Sowohl in der Theorie als auch in der Praxis herrscht eine Diskussion darüber, wie die Börsenstrukturen aufgebaut werden müssen, damit sie effizient und fehlerlos organisiert werden. Zudem haben Evolutionsschritte in dem Börsenwesen die Märkte völlig verändert. Daher ist es notwendig den Aufbau, die Funktionsweise und Theorie von Börsenstrukturen darzustellen um das Wesen und die grundlegenden Prinzipien der ATS zu verdeutlichen. Die weiteren Überlegungen beinhalten sowohl theorie- als auch praxisrelevante Aspekte. Am Anfang werden die Markteilnehmer vorgestellt und anschließend die Funktionen der Börsen kurz beschrieben. Nachfolgend findet eine Auseinandersetzung mit der Marktstruktur, die in die Marktmikrostrukturtheorie übergeht. Zum Schluss werden einige Implikationen des elektronschen Handels auf die Marktmikrostruktur dargelegt.

3.1 Marktteilnehmer in den Kapitalmärkten

Die Theorie unterscheidet nach dem Transaktionsmotiv zwischen informationsmotivierte (Insider) und liquiditätsmotivierte (uninformierte) Investoren.[125] Die informierten Händler haben einen besseren Informationsstand über den wahren Wert eines Handelsobjekts, der ihnen einen Vorteil verschafft. Dabei sind diese nicht nur die Insider, sondern alle Händler, die eine bessere private Information als die verfügbare öffentliche besitzen. Die Wissensquelle ist dabei ohne Bedeutung.[126] Weil die Marktmacher über keine private Information bezüglich den Liquiditätswert eines Handelsobjekts verfügen, zählen sie auch zu der Gruppe, der uninformierten Händler.[127]

Sowohl auf dem Präsenzhandel als auch bei dem Computerhandel gibt es drei Gruppen von Marktteilnehmern: Kreditinstitute, Kursmakler und Freimakler.[128] Anders betrachtet sind die Akteure in den Finanzmärkten die Broker, die Marktmacher, die institutionellen und die privaten Anleger.[129]

---

[125] Vgl. Ullrich (2004), S. 16; Kirchner (1999), S. 6
[126] Vgl. Ullrich (2004), S. 17
[127] Vgl. ebenda
[128] Vgl. Kirchner (1999), S. 45
[129] Vgl. Honeygold (1989), S. 100

Die Kreditinstitute Handeln mit Wertpapieren auf eigener oder fremder Rechnung. Nur sie an der Börse können Wertpapiere für Kunden kaufen oder verkaufen.[130]
Die Broker sind die Händler, die für die Investoren Aktien und Anteile kaufen und verkaufen. Dafür verlangen sie eine Provision (Courtage). Dabei sollen sie zu den bestmöglichen Preisen das Geschäft ausführen. Außerdem bieten sie Research-Service, Anlageberatung oder andere Finanzdienste wie Verwaltung von Fonds.[131]
Die Broker werden weiter nach Kommissionsmakler auch Freimakler, der auf eigener Rechnung handelt und der Kursmakler auch als Specialist oder Amtlicher Makler bekannt, der die Aktien bestimmter Unternehmen betreut und für den ordnungsmäßigen Handel zuständig ist, unterteilt.[132] Die Kurs- und Freimakler nehmen intermediäre Funktionen wahr, indem sie als Vermittler von Geschäften zwischen den Akteure am Börsenhandel auftreten.[133]
Die amtlichen Makler handeln auf fremden Namen und auf fremder Rechnung. Sie dürfen Eigengeschäfte und Aufgabengeschäfte nur dann abschliessen, wenn dies zur Ausführung der erteilten Aufträge nötig ist (Spitzenausgleich) und die festgesetzten Betragsgrenzen nicht überschritten werden.[134] Die Kursmakler stellen die Börsenpreise fest und vermitteln Aktien, die im Amtlichen Handel zugelassen sind.[135] Sie übernehmen die Rolle eines Marktmachers indem sie Handelspreise zu denen die Händler Aktien kaufen oder verkaufen können, festlegen. Zudem haben sie die wichtige Aufgabe das Angebot an Wertpapiere sicherzustellen.[136] Zu den Marktmachern zählen Großhändler, die mit den Brokern bei der Belieferung mit Wertpapieren in Konkurrenz stehen. Sie verlangen keine Provision, sondern verdienen am „spread", der die Differenz zwischen Kauf- und Verkaufskurs darstellt.[137]
Die Freimakler betreuen alle anderen Segmente. Sie handeln entweder wie die Kursmakler oder als Vertreter für Banken, die selbst keine eigenen Händler vor Ort

---

130 Vgl. Kirchner (1999), S. 45
131 Vgl. Honeygold (1989), S. 100
132 Vgl. ebenda
133 Vgl. Kirchner (1999), S. 45
134 Vgl. Knips (2000), S. 244
135 Vgl. Kirchner (1999), S. 45
136 Vgl. Ullrich (2004), S. 16
137 Vgl. Honeygold (1989), S. 100

haben.[138] Die freien Makler können ihrerseits die Wertpapiergeschäfte vermitteln und in eigenem Namen sowie auf eigener Rechnung abschliessen oder zur Auftrag geben. Sie unterliegen dabei keinen Beschränkungen.[139]
Die institutionellen Investoren sind z.B. die großen Pensionsfonds oder die Versicherungsgesellschaften und gehören zu den großen Wertpapierbesitzern. Die letzte Gruppe sind die privaten Anleger.[140]
Die Banken und die Freimakler können sowohl börsliche als auch außenbörsliche Geschäfte abschliessen, während die Kursmakler nur Börsengeschäfte tätigen.[141]

3.2 Marktstruktur eines Handelsmarktes

Im Vergleich zu der später im Kapitel 3.4 theoretischen Überlegungen in der Marktmikrostrukturtheorie, die der Marktmachern die zentrale Rolle bei der Preisfindung und der Handelsprozess zuordnen ist die Realität komplizierter. Tatsache ist, dass die Marktstruktur die Preisbildung beeinflusst.[142]
Nach MADHAVAN (2000) kann die Architektur eines Marktes durch drei Kriterien abgebildet werden. Diese sind der Markttyp, die Orderformen und die Markttransparenz.[143] Außerdem von Bedeutung ist das Handelsprotokoll an den Börsen. Es beinhaltet die Auftragsparameter und die Handelsregeln. Die Regeln betreffen die Festlegung der kleinsten mögliche Preisveränderung (Tickgröße-Regeln), das Einsatzverhalten von Marktmacher (Quotierungsregeln), die Grundsätze der Zusammenführung von Aufträgen (Ausführungsregeln) und den Umfang mit prohibitiv schwankenden Transaktionspreisen (Volatilitätsregeln).[144] In der Literatur gibt es theoretische Arbeiten, die sich mit diesen Handelsmerkmalen befassen, wie die Arbeit von SUBRAHMANYAM (1994) zu der Handelsunterbrechung oder die Analyse der Tickgröße durch BACIDORE (2001).[145]

---

[138] Vgl. Kirchner (1999), S. 45
[139] Vgl. Knips (2000), S. 244
[140] Vgl. Honeygold (1989), S. 101 f.
[141] Vgl. Kirchner (1999), S. 45
[142] Vgl. Madhavan (2000), S. 20
[143] Vgl. Ullrich (2004), S. 35; Madhavan (2000), S. 21
[144] Vgl. Böhm (2004), S. 175 und 186; Ullrich (2004), S. 35; Madhavan (2000), S. 21
[145] Vgl. Ullrich (2004), S. 35

Anhand von Tabelle 6 werden die Ziele bei der Modellierung des Marktes, die Elemente der Marktstruktrur und die Maßeinheiten der Marktleistung transparenter gemacht.
In der Realität werden die unterschiedlichen Marktdimensionen kombiniert, sodass hybride Systeme gebildet werden.[146] Einige Beispiele finden sich in der Tabelle 7.

3.2.1 Markttyp

Der Markttyp ist das zentrale Charakteristikum einer Marktarchitektur. Seine Strukturmerkmale sind die Handelsfrequenz, die Marktorganisation und der Automatisierungsgrad.[147]

3.2.1.1 Handelsfrequenz

Die Systeme werden nach der Handelsfrequenz in periodischen und kontinuierlichen (stetigen, fortlaufenden) Handelsmechanismen unterschieden.[148]
Bei dem periodischen Handel (Einheitskursfeststellung) werden alle Orders von einem offiziellen Börsenmitglied solange in einem Orderbuch gesammelt, bis genügend Orders für die Transaktionen vorhanden sind, die dann zu einem bestimmten Zeitpunkt (Auktion) ausgeführt werden.[149] Dieser Art von Handel wird auch „call auction", „batch auction" oder Gesamtkursermittlung genannt. Die Aufträge werden dann bei dem Handel zu einer Angebots- und Nachfragefunktion aggregiert damit ein markträumender Einheitspreis gebildet werden kann. Zu diesem Wert muss dann die größte Stückzahl an Wertpapieren handelbar sein.[150] Nachteilig ist, dass die Vornahme der Transaktionen nicht jederzeit möglich ist, weil das Verfahren bei Handelsobjekten angewendet wird, die geringen Umsätze ausweisen. Vorteilhaft ist jedoch die große Bewertungseffizienz. Durch die Ansammlung der Aufträge fließt bis zu dem Ausführungspunkt eine große Anzahl von Informationen in den Preisen.[151]

---

[146] Vgl. Madhavan (2000), S. 22
[147] Vgl. Ullrich (2004), S. 35; Madhavan (2000), S. 22, S. 21; Kirchner (1999), S. 41
[148] Vgl. Böhme (2004), S. 162; Ullrich (2004), S. 35; Ramser (2001), S. 9; Gomber (2000), S. 21; Knips (2000), S. 244
[149] Vgl. Ullrich (2004), S. 35; Ramser (2001), S. 9; Knips (2000), S. 244; Kirchner (1999), S. 41
[150] Vgl. Hauser (2003), S. 92; Ramser (2001), S. 13
[151] Vgl. Knips (2000), S. 244

Anders bei dem kontinuierlichen Handel werden die Aufträge ständig verglichen, indem sie in einem Orderbuch gesammelt und die komplementäre Orders sofort ausgeführt werden.[152] Die Preise werden hier nicht fest bestimmt, sondern durch die Mengen, die von den Marktteilnehmern zu unterschiedlichen Preisen gesetzt wurden. Der Ausführungspreis wird dann festgelegt, indem versucht wird eine möglichst große Anzahl an Orders zu diesem Wert zusammenzuführen. Die Aufträge können dabei limitiert oder unlimitiert sein.[153] Die Ermittlung der Einzelpreise findet fortlaufend statt, wobei immer versucht wird die Orders mit dem besten Gebot der Gegenseite zu matchen.[154] Bei dieser variablen Notierung besteht eine Transparenz des Orderbuches, weil jedem Marktteilnehmer eine Einsicht darin gewährt wird.[155] Das Verfahren wird angewendet bei Handelsobjekte, die hohe Umsätze haben, weil sie bei genügend Liquidität gehandelt werden, die eine effiziente Preisbildung gewährleistet.[156]
ECONOMIDES und SCHWARTZ (1995) schlagen eine Kombination von Auktion mit fortlaufendem Handel vor. Sie sehen die Vorteile dieser Struktur in den geringen Transaktionskosten und der verbesserten Preisfindung.[157] Auch in der Praxis werden die Handelssysteme nicht nur nach einer Grundform organisiert, sondern kombinieren diese. Durch die Elemente der Grundformen lassen sich neue Organisationsmuster bilden.[158] Diese sind z.B. Auktion mit stetigem Handel, Auktionen in Verbindung mit stetigem Handel, der zusätzlich eine untertägige Schlussauktion enthält, Eröffnungs- und Schlussauktion sowie weitere untertägige Auktionen oder eine einzige Auktion am Tag. Beispielsweise erfolgt der Handel am Xetra im Wechsel von stetigem Handel und Auktion und es gibt auch Handelsobjekte, die nur in Auktionen gehandelt werden.[159] Der Handelstag fängt an vielen Börsen mit einer Gesamtkursermittlung an, bevor mit dem Prinzip der kontinuierlichen Auktion weitergehandelt wird. Die Specialists an der NYSE sowie die Betreuer am Neuen Markt haben in dem dort stattfinden kontinuierlichen Handel die Funktion eines

[152] Vgl. Ullrich (2004), S. 35 f.; Ramser (2001), S. 9; Kirchner (1999), S. 41
[153] Vgl. Ramser (2001), S. 12
[154] Vgl. Hauser (2003), S: 92
[155] Vgl. Ramser (2001), S. 13
[156] Vgl. Knips (2000), S. 244
[157] Vgl. Ullrich (2004), S. 35 f.
[158] Vgl. Böhme (2004), S. 162 f.; Ramser (2001), S. 9
[159] Vgl. Ullrich (2004), S. 35 f.; Knips (2000), S. 244

Market Makers. An der Nasdaq herrscht das Marktmacherprinzip, es sind jedoch auch limitierte Aufträge aus dem Publikum zugelassen. Die hybriden Systeme versuchen die Stärken und Vorteile der Grundtypen auszunutzen, um dadurch die Effektivität und Effizienz des Handels zu vergrößern.[160]

3.2.1.2 Marktorganisation

Die unterschiedlichen Formen einer Marktorganisation werden durch die Kombination der Arten bestimmter Determinanten gebildet. Die Organisationsmerkmale eines Handelssystems sind die Art der Handelsintermediation, die Art der zuvor im Kapitel 3.1.1.1 besprochenen Handelskonfigurationen und der Mechanismus der Preisfindung.[161]

Nach dem realisierten Preisermittlungsverfahren werden als Grundprinzipien das Auktionsprinzip (Auktionsmärkte), bei dem die Preise direkt aus dem Zusammenführen komplementärer Orders ermittelt werden (Order-Driven-Market, auftragsgesteuert), das Market-Maker-Prinzip (Händlermärkte, dealer markets), bei dem der Handel kontinuierlich stattfindet (Quote-Driven-Market, notierungsgesteuert) oder eine Kombination der Prinzipien (hybride Märkte), unterschieden. Zudem werden die Preise auf dem Auktionsmarkt entweder in periodischen Auktionen zu einem Einheitskurs oder in kontinuierlichen Auktionen stetig (in bilateralen Verhandlungen) zu Einzelpreisen festgelegt.[162]

An der Auktionsbörse handeln die Marktteilnehmer entweder direkt miteinander oder durch die Intermediation eines „broker dealer".[163] Dieser Makler ermittelt die Kurse zeitweise, so dass nach der Orderlage (Preis- und Mengenangaben) möglichst viele Stücke umgesetzt werden können. Der Einheitskurs wird nach dem Meistausführungsprinzip gebildet, wahrend den Einzelpreisen das momentan beste Gebot der Gegenseite darstellen.[164] Im Auktionssystem platzieren die Investoren zuerst die Orders und dann werden die Preise gebildet.[165] Die Marktteilnehmer handeln bei dem Auktionshandel durch Abgabe limitierter und unlimitierter

[160] Vgl. Ramser (2001), S. 14
[161] Vgl. Böhme (2004), S. 151
[162] Vgl. Böhme (2004), S. 151; Hauser (2003), S: 92; Gomber (2000), S. 21; Knips (2000), S. 243
[163] Vgl. Degryse, Van Achter (2002), S. 7
[164] Vgl. Hauser (2003), S: 92; Knips (2000), S. 243; Kirchner (1999), S. 41 f.; Franke (1993), S. 396
[165] Vgl. Knips (2000), S. 245

Orders miteinander.[166] Der Koordinationsmechanismus, der den Handel und seine Transparenz ermöglicht, kann ein zentralisierter Handelsparkett, Orderbuch oder Computernetzwerk sein.[167] Auf den Auktionsmärkten stehen einem Kaufauftrag viele konkurrierende Verkaufsangebote gegenüber und umgekehrt für einen Verkaufsauftrag gibt es viele Nachfrageangebote. Die Auktionen finden simultan statt in der Form einer Doppelauktion oder zweiseitiger Auktion.[168] Alle nicht ausgeführte Aufträge werden in einem Limitorderbuch gesammelt. Dadurch wird Liquidität und Optionen für spätere Ausführung geschaffen.[169] Der Auktionshandel ist auch als ordergetriebenes Handelssystem bekannt, weil zuerst die Aufträge angenommen und dann die Preise bestimmt werden. Die Marktmacher spielen auch hier eine Rolle, indem sie das Netto-Ordervolumen ausgleichen.[170] Als Order-Driven-Market ist der deutsche Präsenzbörsenhandel organisiert.[171] Beispiele für Auktionsmärkte sind Euronext und Toronto Stock Exchange.[172]
Auf dem Market-Maker-Markt sind die Marktmacher verpflichtet Handelsobjekte selbst zu kaufen oder zu verkaufen, so dass alle Transaktionen am Markt über sie abgewickelt werden.[173] Ein Beispiel für Marktmacher-System zeigt Abbildung 2. Die Market Makers sind die einzigen im Markt, die die Liquidität stabilisieren und die Preisfeststellung unterstützen.[174] Ein vollendetes Geschäft wird in zwei Teilen zerlegt. Zuerst kaufen die Marktteilnehmer von dem Market Maker und dann können sie verkaufen.[175] Die Marktmacher übernehmen die Rolle der Intermediären indem sie die Gegenseite jeder Transaktion darstellen.[176] Die Preise ergeben sich nicht nach dem Auktionsprinzip, sondern resultieren innerhalb der Geschäftsabschlüsse zwischen Marktmacher und Marktteilnehmer, indem die Market Maker zuerst die Preise bestimmen und anschließend beim Einverständnis der Händler die Orders platziert werden.[177] Sie stellen verbindliche Kurse zu denen die Markt-

[166] Vgl. Ramser (2001), S. 5
[167] Vgl. Gaa u.a. (2001), S. 41
[168] Vgl. Hauser (2003), S. 92; Knips (2000), S. 243
[169] Vgl. Degryse, Van Achter (2002), S. 7
[170] Vgl. Ullrich (2004), S. 16 und 18;
[171] Vgl. Knips (2000), S. 243
[172] Vgl. Degryse, Van Achter (2002), S. 7
[173] Vgl. Hauser (2003), S: 92; Knips (2000), S. 244; Kirchner (1999), S. 41 f.; Franke (1993), S. 396
[174] Vgl. Ullrich (2004), S. 36
[175] Vgl. Ramser (2001), S. 11
[176] Vgl. Ullrich (2004), S. 16 und 18; Degryse, Van Achter (2002), S. 7; Knips (2000), S. 245
[177] Vgl. Knips (2000), S. 245

macher eine bestimmte Menge an Aktien kaufen oder verkaufen würden. Die Investoren können im Rahmen der begrenzten Menge zu den festgesetzten Preisen kaufen. Sobald die Menge ausgeschöpft wurde können die Market Maker die Preise verändern.[178] Dieses Modell wird als ein quotegetriebenes System mit stetigem Handelsablauf bezeichnet. Die Stetigkeit des Marktes ist durch die ständige Bereitschaft der Marktmacher Wertpapiere zu kaufen oder zu verkaufen um die Nachfrage zu bedienen, gegeben.[179] Die Quoten sind die Geld- und Briefkurse.[180] Bei diesem quotengetriebenen Mechanismus werden zuerst die Preise festgelegt und dann die Orders angenommen.[181]

Im Marktmachersystem verpflichten sich die Market Makers Liquidität durch Kauf und Verkauf von Wertpapieren bereitzustellen. [182] Sie kaufen zu einem Geldkurs (Kaufkurs) und verkaufen zu einem höheren Briefkurs (Verkaufskurs). Dadurch wird eine Geld-Brief-Spanne gebildet, die alle Kosten decken soll. Eine wichtige Gruppe aus der Spanne sind die Lagerhaltungskosten (Opportunitätskosten), die aus der Haltung eines Vorrats an Aktien und Bargeld resultieren. Weitere Kosten fallen für die Geschäftsabwicklung, Gebühren oder Steuern an. Außerdem werden Kosten aufgrund von „adverse selection" berechnet. Sie resultieren aus der Tatsache, dass der Marktmacher das Wissen und die Motivation der Marktgegenseite nicht kennt. Durch einen besseren Informationsstand kann sich jeder auf seine Kosten einen Vorteil verschaffen.[183] Wenn nur ein Marktmacher im Markt ist, kann er auch ein Gewinn in der Geld-Brief-Spanne einfügen. Wenn aber mehrere tätig sind, dann versuchen sie sich durch attraktivere Preise zu unterbieten. Diese Konkurrenz führt dann zu einer Reduktion des Bid-Ask-Spreads.[184] Beispiel für Marktmachermärkte sind der amerikanische Nasdaq, der von der Londoner Börse betriebene SEAQ und die Eurex in Frankfurt am Main.[185] Weiter haben Market-Maker-Strukturen das Nasdaq Europe, das Direct Trade oder das Quotrix.[186]

---

[178] Vgl. Ramser (2001), S. 9 f.
[179] Vgl. Ullrich (2004), S. 36; Gaa u.a. (2001), S. 41
[180] Vgl. Knips (2000), S. 244
[181] Vgl. Ullrich (2004), S. 16 und 18
[182] Vgl. Ramser (2001), S. 5; Knips (2000), S. 245
[183] Vgl. Ullrich (2004), S. 17; Degryse, Van Achter (2002), S. 7; Ramser (2001), S. 10 f.; Knips (2000), S. 246
[184] Vgl. Ullrich (2004), S. 17; Ramser (2001), S. 10 f.
[185] Vgl. Degryse, Van Achter (2002), S. 7; Knips (2000), S. 245
[186] Vgl. Böhme (2004), S. 155

Neben dem Auktionsmarkt und Marktmachermarkt existieren auch Mischformen aus beiden Preisfeststellungsverfahren. Sie sind hybride Formen, die den Vorteil niedriger Transaktionskosten bei den Order-Driven-Märkten mit dem Vorteil einer Liquiditätserhöhung durch ein Market Making kombinieren. Beispiel ist die NYSE, die als Auktionsmarkt organisiert ist, und gleichzeitig Specialists im Markt existieren, die Makler- und Marktmacherfunktionen wahrnehmen (Abbildung 3).[187] Hybride Struktur ist auch TLX, die einen zentralen Marktmacher hat.[188] In diesen hybriden Märkten findet eine Konkurrenz zwischen der Quote eines Market Makers und der limitierten Aufträge anderer Marktteilnehmer statt. Wenn mehrere Marktmacher existieren und im Wettbewerb stehen, wird von Händlermärkten gesprochen. In der Praxis sind vorwiegend Mischformen zu finden.[189]

Bei dem elektronischen Handel wie z.B. Xetra gibt es keine Marktmacher, sondern „Designated Sponsors", die zusätzliche Liquidität für kleine und mittlere Aktien bereitstellen. Sie geben auch Quotes im Handel an, die die gleichzeitige Abgabe eines Limitauftrags für die Kauf- und die Verkaufsseite darstellen. Die Abgabe einer Quote kann von jedem Händler aufgefordert werden. Sowohl in diesem Fall als auch bei Auktionen oder Volatilitätsunterbrechungen ist der Sponsor zur Abgabe verpflichtet.[190]

Die Arten des Preisfindungsmechanismus reichen von einer autarken Preisgenerierung bis zum referenzierten Preisimport. In der Praxis sind vor allem Systeme mit traditionell endogener Preisermittlung, wobei die neuere ATS auch Elemente exogener Preisfunktionen beinhalten.[191]

In dem US-Wertpapierhandel sind die Handelsmärkte vor allem nach dem Marktmacherprinzip organisiert, während in Europa die Auktionsmärkte stärker ausgeprägt sind. Mittlerweile wird bei den ATS in Europa verstärkt von dem Nutzen der Intermediation der Marktmacher Gebrauch gemacht. Es werden jedoch vielmehr hybride Systeme gebildet, die die Vorteile beider Organisationsformen kombinieren. In einer auftragsgesteuerten Marktstruktur werden die Instrumente zur Liquidi-

[187] Vgl. Knips (2000), S. 247; Madhavan (2000), S. 22
[188] Vgl. Böhme (2004), S. 154
[189] Vgl. Hauser (2003), S: 92; Kirchner (1999), S. 41 f.; Franke (1993), S. 396
[190] Vgl. Ullrich (2004), S. 37
[191] Vgl. Böhme (2004), S. 167; Madhavan (2000), S. 21

tätssteigerung durch eine oder mehrere Marktmacher, die verbindliche Grenzen für die Intensität und die Qualität ihre Quotierungen erhalten, ergänzt.[192]

3.2.1.3 Automatisierungsgrad

Nach dem Automatisierungsgrad wird zwischen Parketthandel und elektronischem Handel unterschieden. Zudem fügt MADHAVAN (2000) hinzu, dass für das Marktergebnis die Ausgestaltung des Handelsprotokolls wichtiger ist.[193] Wichtige Unterscheidungsmerkmale zwischen Parkett- und Computerhandel sind das Matchen von Aufträgen und die Preisfeststellung.[194]

Viele der traditionellen Börsen sind als Präsenzbörsen organisiert. Damit die Händler an dem Handel teilnehmen können, müssen sie auf dem Börsenparkett präsent sein. Diese Organisationsform kann zu einer elektronischen Börse modernisiert werden. Sie besitzt einen leistungsfähigen Großrechner an dem Computer angeschlossen sind, durch welche die Händler die Aufträge eingeben können.[195]

Des Weiteren werden die modernen Handelsplätze wie bereits im Kapitel 2.4 erwähnt nach:[196]

- Computergestützter Parketthandel
- Computergestützte Handelssysteme
- Computerhandelssysteme
- Computerbörsen

unterschieden.

3.2.2 Markttransparenz

Die Markttransparenz ist noch ein weiteres Merkmal der Marktarchitektur. Damit sind die Menge und Qualität der Informationen, die den Markteilnehmer während des Handels verfügbar sind, gemeint. Anders gesagt der Umfang der über das Marktgeschehen verfügbaren Informationen. Dazu gehören die Transaktionskosten und festgelegten Preise, das Handelsvolumen sowie die Identität der Marktteil-

[192] Vgl. Böhme (2004), S. 151 f.
[193] Vgl. Ullrich (2004), S. 37; Madhavan (2000), S. 21
[194] Vgl. Kirchner (1999), S. 43
[195] Vgl. Franke (1993), S. 396
[196] Vgl. Ludwig (2002), S. 46 ff.; Gomber (2000), S. 26; Schenk (1997), S. 83 ff.

nehmer. MADHAVAN (2000) unterscheidet zwischen Vor- und Nachhandelstransparenz.[197]

Die erste Form enthält Informationen über die aktuelle Auftragslage in Form von Quotes oder Orders. Es gibt die Möglichkeit zur Beobachtung der aktuellen An- und Verkaufsquoten, die Tiefe des Marktes, die Informationen über die Limitaufträge, die nicht die besten Preisen darstellen sowie große Orderbuchgleichgewichte.[198] Bei der Nachhandelstransparenz geht es um Informationen wie aktuelle Preisen oder Handelsvolumen.[199]

Die Market-Maker-Märkte erlauben den Marktteilnehmer die Quotes eines Marktmachers zu erfahren, aber ohne, dass die Transaktionsmotive der Akteure bekannt werden.[200]

In Auktionsmärkte ist das Limitorderbuch transparent. Es wird dabei von vollständiger Offenlegung der Informationen (offenes Orderbuch) bis geschlossenes Orderbuch (keine Information über die Auftragslage) unterschieden. Bei der Markttransparenz wird nach der Information über die Handelsteilnehmer zwischen nicht anonymer Präsenzhandel bis Anonymität im Computerhandel unterschieden. Die Handelsanonymität führt auch zu dem Problem adverser Selektion.[201]

Die auf vergangene Transaktionen bezogenen Informationen gehören zu der Nachhandelstransparenz. Es geht dabei um die Veröffentlichung von Transaktionsdaten wie der Zeitpunkt der Ausführung, das Volumen, der Preis und Informationen über die Identität von Käufer und Verkäufer.[202]

Die Vorhandelstransparenz betrifft alle potenziellen Aufträge, während die Nachhandelstransparenz auf den einzelnen Auftrag konzentriert ist.[203]

Die Transparenzvorteile werden erreicht indem das Handelssystem mit einem offenen Orderbuch operiert. Dies lockt die institutionelle Investoren an, und steigert insgesamt die Markteffizienz. Außerdem bekommen die privaten Anleger die gleichen Chancen wie die professionellen Händler. Die Systembenutzer können

---

197 Vgl. Ullrich (2004), S. 38; Madhavan (2000), S. 21; Kirchner (1999), S. 43
198 Vgl. Ullrich (2004), S. 38; Kirchner (1999), S. 43
199 Vgl. Madhavan (2000), S. 21
200 Vgl. Kirchner (1999), S. 43
201 Vgl. ebenda
202 Vgl. Ullrich (2004), S. 38; Kirchner (1999), S. 43
203 Vgl. Ullrich (2004), S. 38; Kirchner (1999), S. 43

die Orderlage beobachten, das zur verbesserten Handelsmöglichkeiten und Marktsituationseinschätzung führt.[204]

3.2.3 Orderformen

Die modelltheoretischen Untersuchungen verwenden als Auftragsarten, limitierte und unlimitierte Orders. Die limitierten sind eine Kombination aus Mengenangabe und Preis, während die unlimitierten nur eine Mengenangabe enthalten. Auf dem realen Markt sind die Orderarten vielfältig.[205]

Die Auftragstypen können preislich unlimitierte Aufträge (market orders), limitierte Aufträge (limit orders) oder Stopp-Aufträge (Stopp orders) sein. Die Auftragsgültigkeit kann dabei die maximale Haltedauer eines Auftrags auf das Handelsende desselben Tages (GFD – good for day), auf ein bestimmtes Datum (GTD – good till date) bezogen oder bis zur Löschung des Auftrages durch den Investor oder durch das Handelssystem (GTC – good till cancelle) sein.[206]

Beim elektronischen Handel (z.B. Xetra) wird zwischen Marktauftrag, Limitorder, und Market-to-Limitorder unterschieden. Der Marktauftrag ist unlimitiert und enthält nur die Mengenangabe. Der Limitorder beinhaltet auch eine Preiskomponente, die den Wert enthaltet zu dem der Auftrag ausgeführt werden soll. Der Market-to-Limitorder wird wie ein unlimitierter Auftrag gegen eine bestehende Limitorder oder zum Auktionspreis durchgeführt. Wenn sie nicht vollständig ausgeführt werden kann, wird der nicht ausgeführte Teil mit dem Preis des ausgeführten Teils bewertet und in das Orderbuch eingestellt. Die Grundformen können bezüglich der Laufzeit, die Ausführungsbedingungen und die Handelsbeschränkungen variiert werden.[207]

3.3 Funktionen von Börsen

Die gesamtwirtschaftliche Funktion einer Börse ist die möglichst effiziente Allokation des knappen Gutes „Kapital“.[208] Die einzelnen Funktionen eines organisierten

[204] Vgl. Knips (2000), S. 253
[205] Vgl. Ullrich (2004), S. 38
[206] Vgl. Böhm (2004), S. 176; Madhavan (2000), S. 8 und 21
[207] Vgl. Ullrich (2004), S. 38
[208] Vgl. Ramser (2001), S. 7

Aktienmarktes (Tabelle 8) sind gleichzeitig die Ziele, die bei der Ausgestaltung einer Börse zu beachten sind.[209]

Sobald alle Funktionen erfüllt sind, kann die Börse als funktionsfähig bezeichnet werden. Das bedeutet, dass Handelsprozesse stattfinden und die zustande kommende Preise die tatsächlichen Marktumstände widerspiegeln. Voraussetzungen für die Funktionsfähigkeit sind die Gewährleistung von Funktionenschutz und Anlegerschutz. Der Schutz der Funktionen ist für die Beibehaltung der Börse als Markt wichtig. Der Anlegerschutz muss die Aufmerksamkeit, Sicherheit und Vertrauen der Marktnehmer garantieren und gleichzeitig für die Attraktivität der Börse sorgen. Außerdem werden die Funktionen gesichert indem durch die größere Anzahl an Akteure die Funktionsfähigkeit der Börse beibehalten wird.[210]

Wie es bereits im Kapitel 2.2 erwähnt wurde werden die Aktienmärkte in Primär- und Sekundärmarkt unterschieden. Der Primärmarkt erfüllt eine Finanzierungsfunktion, weil die Unternehmen durch die Emission von Wertpapiere Eigenkapital anschaffen. Auf den Sekundärmärkten findet der Handel mit Aktien, und somit erfüllt er eine Zirkulationsfunktion. Die Marktfunktion muss von allen Märkten erfüllt werden. Damit sind die Organisation des Zusammentreffens von Angebot und Nachfrage und der Ausgleich der beiden Marktseiten gemeint. Zuerst müssen jedoch die Handelsobjekte bewertet werden, was zu der Preisfindungs- oder Bewertungsfunktion führt. Im Idealfall spiegeln die Preise alle am Markt verfügbaren Informationen und sind somit ein Indikator für die Knappheitssituation am Kapitalmarkt. Die Preisbildungsfunktion wird durch hohe Transparenz gefördert. Darunter sind die erhältlichen Informationen gemeint, die umfangreich und kostengünstig sein sollten. Durch die Allokationsfunktion wird sichergestellt, dass nur diejenigen Investitionsvorhaben getätigt werden, die bei dem gleichen Risiko die höhere Rendite aufweisen. Mit der Distributionsfunktion ist gemeint, dass die Höhe von Kapitaleinkommen durch die am Aktienmarkt erzielten Renditen bestimmt wird. Die Transformationsfunktion zielt auf die Planung und Aufeinanderabstimmung unterschiedlicher Investitions- und Finanzierungsvorhaben. Die Standardisierung der Aktien reduziert die Such-, Verhandlungs- und Prüfkosten der Marktteilnehmer.

[209] Vgl. Knips (2001), S. 218
[210] Vgl. ebenda

Die Standardisierungs- und Gütestempelfunktion sollen dies sicherstellen. Die Kontrollfunktion ermöglicht eine gerechte Beurteilung des Unternehmensmanagements. Der Preis der Aktie fällt sobald die Unternehmensleitung Fehler macht und nicht effizient arbeitet. Die Kontrollfunktion des Aktienmarktes reduziert außerdem die Prinzipal-Agent Probleme.[211]

3.4 Marktmikrostrukturtheorie

Die Kapitalmärkte werden theoretisch durch die Kapitalmarkttheorie (positive Theorie) und die Marktmikrostrukturtheorie (normative Theorie) untersucht.[212]
Die Kapitalmarkttheorie beschäftigt sich mit dem Verhalten der Akteure auf realen Kapitalmärkten und leitet Gleichgewichts- und Erklärungsmodelle ab.[213]
Andererseits beschäftigt sich die auf DEMSETZ (1968) zurückgehende Marktmikrostrukturtheorie mit den Preisbildungsprozessen auf realen Märkten. Die Annahmen eines vollkommenen Marktes und Wettbewerbs wie bei der klassischen Gleichgewichtstheorie der Mikroökonomie und die traditionellen Bewertungsmodellen der Finanzierungstheorie werden teilweise aufgehoben. Zudem werden die Handelsmotive der Investoren sowie die Auswirkungen unterschiedlicher Marktstrukturen einbezogen.[214] Die Theorie betrachtet die kostenspezifischen Zusammenhänge zwischen Investitionspräferenzen und deren Abbildung und Zusammenführung in Handelssystemen.[215] Außerdem untersucht diese ebenfalls die einzelnen Intermediationsstufen, den komplexen Prozess der Veränderungen von Wertpapierpreisen und die Analyse der Informationseffizienz von Handelsmärkten.[216] Die zentrale Idee der Marktmikrostrukturtheorie ist „that asset prices need not equal full-information expectations of value because of a variety of frictions"[217].

---

[211] Vgl. Knips (2000), S. 219 ff.
[212] Vgl. Gomber (2000), S. 3
[213] Vgl. ebenda
[214] Vgl. Kirchner (1999), S. 1
[215] Vgl. Böhme (2004), S. 7
[216] Vgl. Böhme (2004, Fussnote 31), S. 7
[217] Madhavan (2000), S. 2

3.4.1 Einführung in die Theorie der Marktmikrostruktur

COHEN et. al. (1980) erklären das Untersuchungsgegenstand der Marktmikrostrukturtheorie als „the interplay between market participants, trading mechanism, and the dynamic behavior of security prices in a regime where friction impedes the trading process“. Die Analyse dieser Beziehungen erlaubt die Informationsverarbeitung und Informationseffizienz in den Marktstrukturen zu erklären um das Marktergebnis und die Marktqualität bewerten zu können.[218] O'HARA (1999) beschreibt die Mikrostrukturtheorie als „the study of the Process and outcomes of exchanging assets under explicit trading rules“[219]. MADHAVAN (2000) versteht darunter "the area of finance that studies the process by which investors'latent demands are ultimately translated into prices and volumes“[220].
Die Marktmikrostrukturtheorie stellt durch Modellierung und/oder experimentellen Tests des individuellen Verhaltens der Marktteilnehmer alternative Gestaltungsoptionen des Kapitalmarktes als Institution dar.[221] Die gebildeten Modelle müssen durch Handelsszenarien der Marktteilnehmer, Regeln des Handelsplatzes bzw. der Handelsplattform und die unterschiedlichen spezifischen Merkmalen eines Kapitalmarktes das dynamische Börsengeschehen adäquat darstellen. Die Mikrostrukturen bilden unterschiedlichen Börsen nach und ermöglichen eine Effizienzmessung bei unterschiedlichen Börsensituationen.[222] Diese theoretischen Modelle untersuchen die Funktionsweise der Handelssysteme. Welchen Einfluss die Systeme auf dem Preisfindungsprozess und somit auf das Marktergebnis haben. Die Forschung berücksichtigt auch das durch die neuen Technologien veränderte und elektronisierte Design der Börsen.[223]
Die Marktmikrostrukturtheorie untersucht wie sich die Marktstruktur auf die Marktqualität und die charakteristischen Eigenschaften eines Marktes auswirkt. Sie analysiert die Handelsprozesse und deren Wirkungen bei unterschiedlichen Marktstrukturen. Die Modelle der Theorie ziehen die expliziten Transaktionskosten der

---

[218] Vgl. Kirchner (1999), S. 1
[219] O'Hara (1999), S. 1
[220] Madhavan (2000), S. I
[221] Vgl. Gomber (2000), S. 3
[222] Vgl. Loistl (2002), S. 29 f.
[223] Vgl. Ramser (2001), S. 4; O'Hara (1999), S. 1

Händler und/oder asymmetrische Information als Bestimmungsfaktoren des Marktergebnisses. Die Marktmikrostrukturtheorie zeigt wie und welche Strukturmerkmale auf die Qualität eines Marktes einwirken, kann jedoch keine optimale Struktur darstellen.[224] Die Theorie analysiert, welche Auswirkung die Handelsregeln auf das Marktergebnis und folglich auf die Effizienz der Finanzmärkte haben. Die Ausgestaltung dieser Handelsregeln (Preisfeststellungs- und Abschlussphase) innerhalb des Marktplatzes bildet die Marktmikrostruktur.[225]

Die klassischen Bewertungskonzepte beschäftigen sich mit dem „wahren" Wert eines Handelsobjekts, während die Mikrostrukturtheorie die Preisbildung im Rahmen konkreter Handelsprozesse untersucht. Dadurch können die Abweichungen zwischen beobachtbaren und effizienten Preisen verdeutlicht werden.[226] Gleichzeitig wird das Verhalten einzelner Marktteilnehmer unter Beachtung unterschiedlicher Marktstrukturen einbezogen. Damit wird die Verbindung zwischen Marktstruktur und Marktergebnis aufgebaut.[227] Die Mikrostrukturtheorie betrachtet die Verhaltensweisen der Akteure an Börsen um die Preisbildung an den Märkten zu erklären und um den Einfluss der Börsenorganisation auf das Verhalten der Akteure festzustellen. Sie kann auch als wissenschaftliche Grundlage für die staatliche Regulierung von Finanzmärkten dienen.[228]

Die institutionelle Ausgestaltung von Finanzmärkten spiegelt das Design des Marktmodells wieder, das ein wesentliches Kriterium für die Qualität des Marktes ist. Dadurch können die existierenden Marktstrukturen beurteilt werden und Anhaltspunkte zum Design neuer Marktmodelle gewonnen werden. Zudem werden die Auswirkungen dieser alternativen Marktstrukturen auf das Marktergebnis geforscht.[229]

Die klassischen Modelle der Mikrostrukturtheorie beschreiben die Preisbildung in zentralen Marktsystemen, während in der Praxis mehr dezentrale Strukturen zu finden sind, die alternativen Handelsmöglichkeiten erlauben. Diese Fragmentierung der Märkte kann ökonomisch durch die Heterogenität der Investoren sowie

[224] Vgl. Hauser (2003), S: 87 f.
[225] Vgl. Mühlberger (2004), S. 2 f.
[226] Vgl. Kirchner (1999), S. 1
[227] Vgl. ebenda, S. 5
[228] Vgl. Franke (1993), S. 389
[229] Vgl. Gomber (2000), S. 3 und 12

die Marktfriktionen erklärt werden. Die dezentrale Marktstruktur bedeutet, dass eine Vielzahl von Aktien an unterschiedlichen Börsen gehandelt werden kann. Beispielsweise in Deutschland existieren die Regionalbörsen, die Frankfurter Parkettbörse sowie das elektronische Computersystem.[230]

Seit dem Börsencrash im 1987 gibt es ein starkes öffentliches Interesse am Funktionieren der Börsen. Dies führte auch zu der Diskussion über die Regulierung von Handelssystemen, die jetzt durch die Bildung von ATS erneut ins Gespräch kommt.[231] Der Erfolg oder Misserfolg eines alternativen Handelssystems ist auch von deren Marktmikrostruktur abhängig, weil die Systeme über die von ihnen aufgestellten Handelsregeln miteinander konkurrieren.[232]

Bevor ein Handelssystem gebildet werden kann müssen die einzelnen Elemente und deren Funktionsweise untersucht werden. Es können zuerst durch theoretische Modelle Hypothesen aufgestellt werden, wie die Systeme in unterschiedlichen Situationen funktionieren. Zweitens kann die Untersuchung durch Simulation in einem Labor stattfinden, wo die einzelne Parameter und deren Einflüsse betrachtet werden. Oder es können empirisch durch Statistiken über Preisentwicklungen und Zeitreiheneigenschaften der Wertpapiere Hypothesen getestet werden.[233] Die Analyse in der Mikrostrukturtheorie geht zwei Wege. Als erstes werden praxisbezogen die vorhandenen Börsensysteme verglichen. Zweitens werden Gleichgewichtsmodelle gebildet, die das Verhalten verschiedener Marktteilnehmer in einem idealisierten Börsenhandel darstellen.[234]

Die relevanten Aspekte beim Aufbau moderner Systeme sind unter anderem:[235]

- Vergleich unterschiedlicher Handelsmechanismen (Marktmachersystem vs. Auktionssystem)
- Einfluss der Information auf den Preisbildungsprozess
- Stabilität des Handelsmechanismus (Marktzusammenbruch)
- Wettbewerb zwischen den Handelssystemen

[230] Vgl. Kirchner (1999), S. 2
[231] Vgl. Ramser (2001), S. 16; O'Hara (1999), S. 1
[232] Vgl. Mühlberger (2004), S. 2
[233] Vgl. Ramser (2001), S. 15
[234] Vgl. Franke (1993), S. 396
[235] Vgl. Ramser (2001), S. 4

Als zentrale Kriterien der Marktmikrostrukturtheorie werden die Informationseffizienz, die Liquidität und die Transaktionskosten herangezogen. Weitere Kriterien zur Beurteilung der Qualität von Wertpapiermärkten sind die operative Effizienz, die Bewertungseffizienz und die Transparenz.[236]

Obwohl das Thema um die Marktmikrostruktutheorie nicht neu ist, gibt es eine vielzahl an aktuelle Bücher und Artikeln, die sich damit beschäftigen. Einige Beispiele sind O'Hara (1995), Harris (1999), Lyons (2000), Keim und Madhavan (1998), Coughenour und Shastri (1999), Cohen, Maier, Schwartz und Whitcomb (1986). Die Marktmikrostrukturliteratur bietet Alternativen zu den friktionslosen walrasianischen Modellen des Hadelsverhaltens an.[237]

3.4.2 Modelle der Marktmikrostrukturtheorie

Die Modelle der Marktmikrostrukturtheorie basieren auf unterschiedlichen Annahmen, betrachten unterschiedlichen Marktkostellationen und haben unterschiedlichen Zielen. Die in der Literatur meist angesprochene Modelle sind die informationsbasierte Modelle, die weiter nach Modelle mit symmetrischer und asymmetrischer Informationsverteilung gegliedert werden.[238] Eine andere Gruppe sind die Modelle der rationalen Erwartungen, die hier aus Platzgründen nicht weiterverfolgt werden und daher auf MARQUARDT (1998) und O'HARA (1999) und die dort weiter erwähnte Autoren verwiesen wird.[239]

Das nachfolgende Kapitel beinhaltet einen nur sehr kurzen Abschnitt aus der Marktmikrostrukturtheorie und soll Überlegungen aufzeigen, die unmittelbar auch die ATS betreffen. Dies ergibt sich aus der Tatsache, dass die alternativen Handelssysteme die Handelsregeln der traditionellen Börsen übernommen haben, sodass bei manchen Systeme die bereits existierenden Modelle der Mikrostrukturtheorie als Ausgangspunkt für die Vermeidung von Marktineffizienz und Sicherstellung des Handelsablaufes dienen können.

---

236 Vgl. Gomber (2000), S. 14
237 Vgl. Madhavan (2000), S. 1 und 7
238 Vgl. O'Hara (1999), S. 13 ff.; Marquardt (1998), S. 10 ff.
239 Vgl. O'Hara (1999), S. 119; Marquardt (1998), S. 20 ff.

3.4.3 Informationsbasierte Modelle der Mikrostrukturtheorie

Nach der Differenzierung der Marktteilnehmer in informierten und uninformierten Händler gehen die Untersuchungen in der Marktmikrostrukturtheorie nach zwei Richtungen. Zum einen betrachten die Modelle das Verhalten der Marktteilnehmer bei symmetrischer Information (vollständige Markttransparenz). In dieser Analyse werden die Abweichungen der Transaktionspreise vom wahren Wert der Handelsobjekte auf den Sofortigkeitsservice des Market Makers geführt. Zum anderen wird die Informationsverarbeitung beim Vorliegen asymmetrischer Informationen (unvollständige Markttransparenz) modelliert. Diese Untersuchungen erklären welche Faktoren die sukzessive Verarbeitung der Informationen in den Preisen beeinflussen. Außerdem werden die daraus resultierenden Unterschiede zwischen Transaktionspreisen und effizienten Preisen analysiert. Weiter wird in jeder Modellklasse zwischen Auktionsmärkte und Händlermärkte als grundlegende Marktstrukturen unterschieden.[240]

3.4.3.1 Modelle mit symmetrischer Informationsverteilung (vollständige Markttransparenz)

Bei der Theorie über die symmetrische Informationsverteilung geht es um Bestandshaltemodelle, auch als Lagerhaltungsmodelle bekannt, die den Handelsprozess als „matching problem“ definieren. Es wird dabei die Beziehung zwischen dem Handelsbestand eines Marktmachers und die von ihm gestellten An- und Verkaufskurse, auch als Geld- und Briefkursen bekannt, untersucht.[241]

Das Lagerhaltungsproblem entsteht durch die Tatsache, dass die Marktmacher nur dann alle Kaufaufträge annehmen können, wenn sie die entsprechende Menge an Handelsobjekte besitzen und andererseits erfordern alle Verkaufsaufträge die entsprechende Menge an Zahlungsmittel. Wenn aber die Anzahl der Verkaufsaufträge die Anzahl Kaufaufträge übersteigt, müssen dann die zusätzlichen Wertpapiere solange gehalten werden bis sich die Nachfrage wieder erhöht. Sowohl der Zeitpunkt und die Höhe der Nachfrage als auch die zukünftige Preisentwicklung

[240] Vgl. Kirchner (1999), S. 6
[241] Vgl. ebenda, S. 7

können nicht vorausgesehen werden. Daher sind die Aktien auf Lager ein potentielles Risiko für den Marktmacher. Diese Unsicherheit findet ihre Berücksichtigung in der Preisspanne zwischen den An- und Verkaufspreisen.[242] Die Lagerhaltungsmodelle beschäftigen sich vorwiegend mit der Lagerhaltungsfrage der Marktmacher und den daraus resultierenden Optimierungskalkülen, weil er Handelsbestände hält, die von seiner optimalen Portefeuillestruktur abweichen.[243]

Nach SMIDT (1971) ist die Differenz zwischen den Geld- bzw. Briefpreisen und dem wahren Wert der Handelsobjekte eine Prämie für die Bereitstellung von Liquidität und stellt eine Entschädigung des Market Makers dafür dar, dass er wegen seines Sofortigkeitsservices keine optimale Bestandhaltung hat.[244] Zudem argumentiert er, dass die Marktmacher nicht nur passiv Sofortigkeit anbieten, wie DEMSETZ sagt, sondern aktiv die Spanne nach den Schwankungen in den Bestandshöhen anpassen.[245]

Der erste Versuch ein Handelsmechanismus zu modellieren unternahm DEMSETZ (1968). Er ging davon aus, dass jeder Handelsabschluss mit Kosten verbunden ist. Sie können entweder in der Form von Steuern und Abgaben sein oder auch durch die Zeitdimension des Handelns gemessen werden. DEMSETZ nahm an, dass Käufer und Verkäufer zu verschiedenen Zeitpunkten am Markt auftreten können. Es gibt Händler, die anwesend sind, aber nicht unbedingt zu jedem Zeitpunkt handeln möchten und Händler, die unregelmäßig am Markt in Erscheinung treten, dann aber sofort handeln möchten. Wenn der eine Akteur das Geschäft sofort abschliessen möchte, muss er dann den wartenden Händlern einen besseren Preis anbieten. Diese Situation bringt jedoch Kosten mit sich, die als Kosten der Sofortigkeit bezeichnet werden. DEMSETZ (1968) zeigte, dass die Ausführungskosten für den Anleger nicht nur die explizite Transaktionskosten (Spesen, Courtagen, Steuern) sind, sondern auch implizite Transaktionskosten als Bestandteil haben.[246]

---

[242] Vgl. Ullrich (2004), S: 16 und 36; Marquardt (1998), S. 7 und 10
[243] Vgl. Ramser (2001), S. 18; Kirchner (1999), S: 7; Marquardt (1998), S. 8
[244] Vgl. Kirchner (1999), S. 7
[245] Vgl. Madhavan (2000), S. 9
[246] Vgl. Ramser (2001), S. 17; Kirchner (1999), S. 5; Marquardt (1998), S. 9

Danach haben sich viele Autoren mit dem Preisbildungsprozess, der aus dem Orderfluss und den Regeln des Handels resultiert, beschäftigt. GARMAN (1976) betrachtet einen Marktmacher, der ein Lagerhaltungsproblem lösen muss. Der Orderfluss ist als stochastisch anzunehmen. Die Kauf- und Verkaufsaufträge treffen am Markt zufällig ein. Der Marktmacher will nun den erwarteten Gewinn pro Transaktion maximieren.[247] Die Kurse zu denen die Aufträge ausgeführt worden waren, konnten als statische Nachfrage- und Angebotsfunktionen, die von den Nachfrage- und Angebotspreise abhängig waren, betrachtet werden. Ein risikoneutraler Händler mit Marktmacht kann seinen erwarteten Gewinn pro Zeiteinheit maximieren, unter den Umstand, dass sich die Aktie weder nach oben, noch nach unten bewegt, was bedeuten würde, dass der Markt in jedem Zeitpunkt frei vom Handel ist.[248] Als Nebenbedingung stellt sich dabei, dass er nicht bankrot gehen darf. Dies ist dann der Fall, wenn er keine Aktien mehr am Lager hat oder wenn sein Guthaben an liquiden Mitteln aufgebraucht ist. GARMAN (1968) zeigt, dass durch verschiedene Preise für Kaufs- und Verkaufsorder in Bezug auf den Bestand an Handelsobjekte eine Geld-Brief-Spanne gebildet werden kann, die die Kosten der Marktmacher deckt.[249] Diese Spesen resultieren aus dem Risiko Bankrott zu gehen. STOLL (1978a) berücksichtigt weitere für das Verhalten und die Entscheidungen des Marktmachers relevante Faktoren. Er geht davon aus, dass die Existenz verschiedene Wertpapiere Kosten für den Marktmacher verursachen. Dies resultiert aus der Tatsache, dass er kein optimales Marktportefeuille halten kann. Diese Kosten fliessen dann in die Geld-Brief-Spanne ein. Außerdem wird die Preisbildung durch die Varianz der Aktien und deren Korrelationen, die Grösse des Handelsvolumens und die Risikoaversion der Markmacher beeinflusst.[250] HO und STOLL (1980, 1981) und STOLL (1978) nehmen an, dass der Aktienhändler risikoavers ist. Die Geld-Brief-Spanne spiegelt die Elastizität der Nachfrage und des Angebots und die Stufe der Risikoaversion des Händlers wider. Diese Spanne vergrößert sich je länger die Planungsperiode des Händlers ist. Die Hinzufügung von weiteren Zeitperioden bietet dem Händler weitere Chancen zum Preisanpas-

[247] Vgl. Ramser (2001), S. 17; O'Hara (1999), S. 13
[248] Vgl. Spulberg (1999), S. XVIII
[249] Vgl. Ramser (2001), S. 17; Madhavan (2000), S. 10
[250] Vgl. Ramser (2001), S. 17

sung. Andererseits erhöht sich das Risiko für den Marktteilnehmer und dadurch wird ein größerer Ausgleich nötig. Dies führt dazu, dass die Geld-Brief-Spanne ausgeweitet wird.[251]

Auf den Auktionsmärkten nach einem Modell von HO et. al. (1985), das nur limitierte Aufträge beinhaltet, pendelt der markträumende Preis der periodischen Auktionen um den wahren Gleichgewichtspreis. Andererseits auf den Händlermärkten werden die Preise durch die einzelnen Auktionen der Investoren bestimmt.[252] Bei den Modellen mit symmetrischer Informationsverteilung werden die Abweichungen der Transaktionspreise von den effizienten Preisen durch die impliziten Kosten des Sofortigkeitsservices eines Marktmachers begründet. Die Erklärung der Abweichungen zwischen beobachtbaren und wahren Preisen in einem periodischen Auktionsmarkt kann in dem Preis- und Ausführungsrisiko eines Auftrages gefunden werden.[253]

In den Aktienmärkten tragen die Intermediäre, wie die Wertpapier- Specialists, zum reibungslosen Handel bei, indem sie Marktgleichgewicht durch Halten von Aktienbeständen bilden. DEMSETZ (1968) hat sich mit dem Effekt der Transaktionskosten bei dem Handelsvolumen an der NYSE beschäftigt und beobachtet, dass die Geld-Brief-Differenz die Preiserhöhung ist, dass für die vorhersehbare Unmittelbarkeit in organisierten Märkten bezahlt wird. Die Specialists an der NYSE werden dadurch entschädigt, dass sie Aufträge verwalten und Risiko eingehen indem sie bereit sind Deals auf eigener Rechnung zu tragen.[254]

Schlussfolge aus allen Modellen der Lagerhaltung ist, dass die kurzfristigen Veränderungen der Preise durch temporäre Ungleichgewichte des Orderflusses verursacht werden. Nachteile der Modelle sind jedoch die Nichtberücksichtigung der Information und ihren Einfluss bei der Preisbildung. Die ständige Neubewertung der Wertpapiere findet unter anderem aufgrund neuerer Informationen statt. Dabei werden nicht alle Marktteilnehmer gleich informiert. Diese Information

---

[251] Vgl. Spulberg (1999), S. XVIII
[252] Vgl. Kirchner (1999), S. 8
[253] Vgl. ebenda (1999), S. 7 und 9
[254] Vgl. Madhavan (2000), S. 8; Spulberg (1999), S. XVIII

bestimmt jedoch die Strategien der Akteure. Mit diesem Problem beschäftigen sich die informationsbasierte Modelle.[255]

3.4.3.2 Modelle mit asymmetrischer Informationsverteilung (unvollständige Markttransparenz)

Die andere Art der informationsbasierten Modelle beschäftigt sich mit dem Einfluss asymmetrischer Informationsverteilung auf den Preisbildungsprozess. Damit ist die Adverse Selection gemeint, die aus dem ungleichen Informationsstand der beiden Vertragspartner bezüglich der Qualität oder dem Zustand des Handelsobjektes resultiert. Das Problem ist, dass wenn jemand eine Aktie kaufen will, nicht weißt ob das Handelsobjekt aus reinen Liquiditätsüberlegungen oder aufgrund nachteiliger Informationen verkauft wird. Die anonymen Wertpapiermärkte beispielsweise erlauben nicht mal Kenntnis von der Identität des Antragsstellers.[256] Sobald nicht alle Händler den gleichen Informationsstand über die Unternehmen und den fundamentalen Wert ihrer Aktien besitzen, tritt das Problem der asymmetrisch verteilten Information auf. Dadurch entsteht ein negativer Einfluss auf die Liquidität, der sogar zum Marktversagen und Zusammenbrechen der Märkte führen kann.[257] Die Theorie hat sich dann mit der Frage „warum überhaupt Handel stattfindet, wenn jede Transaktion ein Verlust bedeuten kann“, beschäftigt.[258]

Die Modelle der asymmetrischen Informationsverteilung untersuchen die Preisbildung bei unvollständiger Markttransparenz. BAGEHOT (1971) betrachtet erstmals die Situation, wenn ein Marktmacher sowohl mit Liquiditätshändler als auch mit informierten Händlern handelt, ohne dabei die Anlegertypen unterscheiden zu können. Wenn der Market Maker mit einem Insider handelt, muss er dann mit Verlusten rechnen, die sich aus den Kosten adverser Selektion ergeben. Diesen Verlust kann er nur aus den Geschäften mit den uninformierten Händlern ausgleichen indem er die Verkaufspreise höher als die Kaufpreise stellt. Diese Überle-

[255] Vgl. Ramser (2001), S. 18
[256] Vgl. Ramser (2001), S: 18 f.; Marquardt (1998), S. 8
[257] Vgl. Ramser (2001), S. 9 und 37
[258] Vgl. ebenda, S: 19

gungen zeigen, dass die positiven Geld-Brief-Spannen alleine Resultat des Problems adverser Selektion sein können.[259]

Die uninformierten Händler sind genauso uninformiert wie der Marktmacher über den wahren Wert eines Handelsobjekts und handeln um sich Liquidität zu besorgen. Ihre Gründe werden meist als exogen gegeben betrachtet BLACK (1986). Gleichzeitig wird ihre Nachfrage vorwiegend als vollkommen preisunelastisch dargestellt EASLY und O'HARA (1992) oder wie bei SPIEGEL und SUBRAHMANYAM (1992) werden die uninformierten Händler explizit modelliert. Noch eine Ausnahme sind die großen Liquiditätshändler ADMATI und PFLEIDERER (1988b).[260]

Die Modelle konzentrieren sich auf unterschiedlichen Ursachen, die eine Erklärung für die Preisänderungen und Abweichungen zwischen Transaktionspreisen und den „wahren" Preisen abgeben können. Die asymmetrisch verteilten Informationen verhindern die sofortige Berücksichtigung von Informationen in den Preisen und führen daher zu einer sukzessiven Informationsverarbeitung. Somit ist keine strenge Informationseffizienz vorhanden und die beobachtbaren Preisen spiegeln nicht den „wahren" Wert des Handelsobjektes wider.[261]

AKERLOF (1970) zeigte anhand eines Beispiels für den Gebrauchtwagenmarkt, dass wenn die asymmetrische Information sehr stark ausgeprägt ist, der Markt völlig zusammenbrechen kann und kein Handel mehr stattfindet. Diese Situation ist auch auf die Wertpapiermärkte denkbar. Die Tatsache aber, dass trotz des Risikos Handel stattfindet führt zu den Überlegungen, dass bessere Information nicht das einzige Handelmotiv sein kann. Diese Gedanken liegen auch in der Untersuchung von STOLL (1992), worin er zwischen „liquidity traders", „information traders" und „noise traders" unterscheidet.[262]

„Liquidity trading" oder liquiditätsmotivierter Handel findet statt, wenn die Marktteilnehmer Geld brauchen und dafür Aktien verkaufen oder Geld in Aktien umwandeln. Gründe können Konsumwünsche oder aber auch Portefeuilleanpassungen von Asset-Managern sein. Ein Merkmal des liquiditätsmotivierten Handels ist, dass

---

[259] Vgl. Madhavan (2000), S. 10 f.; Kirchner (1999), S. 7; O'Hara (1999), S. 53; Marquardt (1998), S. 15
[260] Vgl. Ullrich (2004), S. 18
[261] Vgl. Kirchner (1999), S. 9
[262] Vgl. Ramser (2001), S: 20

dieser eher wenig preissensitiv ist, weil sogar wenn ein günstiger Zeitpunkt für den Handel gewählt wird, die Periode zum Handeln trotzdem kurz ist.[263]

Informationsmotivierter Handel oder Insiderhandel findet aufgrund kursrelevanter Informationen die nicht oder noch nicht in dem Marktpreis eingeflossen sind, statt. In dieser Situation ist der Preis nicht streng informationseffizient daher kann das Insiderwissen Gewinne bringen.[264]

„Noise trading" tritt auf, wenn die Marktteilnehmer irrtümlich annehmen, dass sie kursrelevante Informationen besitzen. Dies ist der Fall, wenn aufgrund der Aktientipps einer Börsenzeitschrift oder technischen Indikatoren gehandelt wird. Die Geschäfte führen nicht unbedingt zu Verlusten, verursachen jedoch vermeidbare Kosten.[265]

Die Modellierung asymmetrischer Information in einem Marktmachersystem ist eine von COPELAND und GALAI (1983) unternommene Formalisierung der Ausführungen von BAGEHOT (1971). Sie erklären wie im Rahmen eines Einperiodenmodells die positiven Geld-Brief-Spannen durch die asymmetrische Informationsverteilung verursacht werden. Die Überlegungen wurden dann von GLOSTEN und MILGROM (1985) weiterentwickelt. Sie analysieren die dynamische Preispolitik eines risikoneutralen Market Makers bei vollständigem Wettbewerb und zeigen, dass die Information graduell in seinen An- und Verkaufspreise verarbeitet wird. Das ist der Grund wieso der beobachtbare Preis im Zeitablauf immer weniger vom wahren Wert abweicht. Außerdem geben sie den Nachweis, dass die Geld-Brief-Spanne und der Grad der Informationsasymmetrie in einem positiven Zusammenhang stehen.[266] Das Modell zeigt, dass der „bid-ask spread", sogar wenn der Marktmacher keine Kosten hat, exisiteren kann, wenn sich dieser konkurierend verhaltet und risikoneutral ist.[267]

Das Modell von GLOSTEN und MILGROM (1985) kann als Paradigma zur Analyse von Finanzmärkten mit asymmetrischer Information aufgefasst werden. Es ist auch ein Ausgangspunkt für zahlreiche Modellerweiterungen wie von EASLEY und

[263] Vgl. Ludwig (2002), S. 150; Ramser (2001), S: 20; Marquardt (1998), S. 8
[264] Vgl. Ludwig (2002), S. 151; Ramser (2001), S. 20; Marquard (1998), S.8
[265] Vgl. Ludwig (2002), S. 151; Ramser (2001), S. 20; Madhavan (2000), S. 12
[266] Vgl. Kirchner (1999), S. 8; O'Hara (1999), S. 54; Marquardt (1998), S. 15 f.
[267] Vgl. Madhavan (2000), S. 13

O'HARA (1987), die das Modell in einem dynamischen Kontext diskutieren.[268] Sie erweitern das Modell indem sie verschiedene Handelsgrößen zulassen. Der Marktmacher führt in diesem Modell alle Transaktionen durch, wobei er als risikoneutral angenommen wird. Die Preise werden von ihm derart bestimmt, dass er keinen Gewinn macht. Handelsobjekt ist ein riskantes Wertpapier, das entweder zu hoch oder zu niedrig bewertet wurde.[269] EASLEY und O'HARA (1987) analysieren auch die Auswirkungen unterschiedlicher Auftragsvolumen und Ereignisunsicherheiten. In der Arbeit wird auch ein Nichthandel berücksichtigt. GLOSTEN (1989) betrachtet das Modell mit alternativer Marktstruktur (monopolistischer Marktmacher).[270]

Die informierten Händler (Insider) handeln aufgrund privater Informationen, die besser als der Informationsstand der Markt-Macher sind. Damit er bei den Transaktionen keine Verluste erleidet erweitert er die Geld-Brief-Spanne so, dass sie das Risiko ausgleicht SCHWERT (1997). Die Preisspanne beinhaltet jetzt die Kosten, die aufgrund des Ausführungs- und Preisrisikos, der Wertpapierlagerhaltungskosten und der Informationsrisikoskosten entstehen. Wenn der Marktmacher eine gewisse Marktmacht besitzt, kann er dann auch eine Gewinnkomponente hinzufügen COPELAND und GALAI (1983).[271]

GLOSTEN und MILGROM (1985) zeigen wie die Preise aus dem Optimierungskalkül des Marktmachers gebildet werden. Die Risikoneutralität und das Anstreben eines Nullgewinns sprechen dafür, dass der Market Maker einen Preis setzen wird, der seinem bedingten Erwartungswert der Aktie entspricht. Bedingt bedeutet in diesem Fall, das der Kauf und Verkauf von Wertpapieren eine Information für den Marktmacher darstellt, die auch in der Preisbildung einfliesst. Die uninformierten Liquiditätshändler kaufen und verkaufen mit gleicher Wahrscheinlichkeit, während die Insider nur aufgrund zusätzlicher Information. Wenn ein Wertpapier nach einem ersten Kauf noch mal gefragt wird, geht dann der Marktmacher davon aus, dass der Käufer mehr Information besitzt als er, und deswegen erhöht er den Preis, weil die Aktie mehr wert ist als der aktuelle Wert. Folgt aber eine Verkaufsorder kann er

[268] Vgl. Kirchner (1999), S. 8
[269] Vgl. Ramser (2001), S: 20 f.; Madhavan (2000), S. 14
[270] Vgl. Kirchner (1999, Fussnote 5), S. 8
[271] Vgl. Ullrich (2004), S. 36; Ramser (2001), S. 21; O'Hara (1999), S. 58 ff.

den Preis senken. Der Markmacher beobachtet die bisherige Handelsfolge und lernt aus dem Orderfluss. Dadurch kann er seine Preise anpassen und sich ein besseres Bild über den wahren Wert der Aktie machen. Dies ist das so genannte bayesianisches Lernen. Da der Marktmacher wegen des Wettbewerbs kein Geld verdienen kann, findet eine Umverteilung von den uninformierten zu den informierten Händlern statt. Die neuen Informationen fliessen durch diesen Prozess sofort in die Preise ein, so dass sie ihren wahren Wert anstreben. Die Preise sind somit effizient und folgen einem Random Walk. Durch dieses Modell zeigen GLOSTEN und MILGROM (1985), dass sogar wenn keine Transaktionskosten anfallen, die unterschiedlichen Geld- und Briefkurse alleine auf die asymmetrisch verteilte Information zurückzuführen sind.[272]

Zur Erklärung des Verhaltens der Marktteilnehmer und der Preisbildung wurden verfeinerte Gleichgewichtsmodelle entwickelt. Das bekannteste ist von KYLE (1985). Die Akteure sind wieder der Marktmacher, der Liquiditätshändler und der Insider. Die Annahme geht von vielen risikoneutralen Marktmachern aus und jeder für sich versucht einen Gewinn von null zu erwirtschaften.[273] KYLE (1985) berücksichtigte bei seiner Untersuchungen, dass die Akteure ein strategisches Verhalten haben können. Das Modell ist zugleich das zweite nach COPELAN und MILGROM (1985) zentrale Paradigma der Marktmikrostrukturtheorie zur Informationsverarbeitung und Preisbildung bei asymmetrischer Information. Bei einem periodischen Auktionsmarkt werden die Preise durch das aggregierte Auftragsvolumen aller Marktteilnehmer (informiert und uninformiert) bestimmt.[274] In den Händlermärkten erfolgt die Preissetzung durch den Market Maker. Er versucht den Preis so zu setzten, dass es mit dem Wert des Papiers übereinstimmt, der aus den verfügbaren öffentlichen Informationen resultiert. Die Liquiditätshändler geben unlimitierte Aufträge ab. Der Eingang der Orders ist dabei von exogenen zufälligen Faktoren abhängig und nicht vom letzten Preis. Die risikoneutralen Insider geben unlimitierter Kauforder, sobald sie wissen, dass die Papiere unterbewertet sind und Verkaufsorder, sobald sie überbewertet sind. Die informierten Händler verhalten sich

[272] Vgl. Ullrich (2004), S. 17; Ramser (2001), S. 21 f.
[273] Vgl. O'Hara (1999), S. 89 ff.; Franke (1993), S. 397
[274] Vgl. Kirchner (1999), S. 8; O'Hara (1999), S. 89 ff.

strategisch, indem sie durch über die Zeit verteilte Orders, aufeinander folgende Abschlüsse erzielen können, die den Gewinn insgesamt maximieren.[275] KYLE (1985) geht davon aus, dass es einen strategisch informierten Händler gibt, der die Menge der Wertpapiere und den Zeitpunkt des Handels frei bestimmen kann. Je länger er unentdeckt bleibt, desto höher ist sein Profit aus der privaten Information. Dies ist dann der Fall, wenn der Marktmacher seine Aufträge mit Aufträgen von Liquiditätshändlern verwechselt und die Preise nicht anpasst. Daher handelt der Insider genau dann, wenn auch die Liquiditätshändler am Markt sind. Die Marktmacher beobachten dieses Verhalten und passen ihre Preise an. Sowohl er als auch die Liquiditätshändler und Insider bilden rationale Erwartungen über die Strategien aller Akteure, die im Gleichgewicht auch eintreffen.[276]

Das strategische Verhalten eines informierten Händlers bestimmt wie schnell seine Informationen in die Marktpreise einfließen.[277] Außerdem kann der informierte Händler, wenn er risikoavers ist, die Information weiterverkaufen ADMATI und PFLEIDERER (1988a). Ein weiterer Fall tritt ein, wenn der Insider eine führende Position in dem Unternehmen hat, dessen Wertpapier gehandelt wird. Dann kann er die Information entweder öffentlich bekannt geben, oder sie beim Handel nutzen um so einen Vorteil zu haben NARAYANAN (2000).[278]

Weitere Überlegungen zu dem Insiderhandel finden sich bei CORNELL und SIRRI (1992), MEULBROEK (1992), HOLDEN and SUBRAHMANYAM (1992) und BARCLAY und WARNER (1993).[279]

Unter zusätzlichen Annahmen leitet KYLE das sequentielle Gleichgewicht. Die Insider tätigen umso größere Orders, je mehr der Wert des Papiers vom letzten Kurs abweicht.[280] Der Handel bei KYLE (1985) ist zweistufig. Zuerst wird der Aktienwert festgelegt und dem Insider enthüllt. Nachfolgend beobachtet der Markmacher den gesamten Orderfluss, der die Aufträge der Liquiditätshändler und der informierten Händler beinhaltet um seine Preise zu bestimmen. Je stärker der Varianz des Liquiditätshandels ist, desto größer ist der Anteil des gesamten Order-

---

275 Vgl. Madhavan (2000), S. 13; Franke (1993), S. 397
276 Vgl. Ramser (2001), S. 22; O'Hara (1999), S. 90
277 Vgl. Kirchner (1999), S. 8
278 Vgl. Ullrich (2004), S. 18
279 Vgl. Madhavan (2000), S. 13
280 Vgl. Franke (1993), S. 397

volumens, welches der Marktmacher den Liquiditätshändlern zuordnen wird. Dies führt zu weniger starken Preisanpassungen, die von den Insidern ausgenutzt werden und selbst wenn diese ihre Auftragsmengen erweitern, müssen keine großen adverse Preisreaktionen erwartet werden.[281] Sobald die Liquiditätshändler und die Insider per Saldo kaufen wollen, wird der Preis von dem Marktmacher erhöht und umgekehrt, wenn sie verkaufen wollen, gesenkt. Der Market Maker interpretiert das Ordervolumen als ein Signal für eine Änderung des Wertpapierwertes, umso mehr Insider als Liquiditätshändler Orders erteilen, umso zuverlässiger ist das Signal. Die zufallsabhängigen Orders der Liquiditätshändler dienen den Insidern als Tarnung. Je besser die Tarnung ist, desto weniger wird der Preis von dem Marktmacher geändert, was andererseits den Insidern die Möglichkeit gibt größere Aufträge zu erteilen. Die Orders müssen jedoch nicht so groß sein, dass der Preis sofort erhöht wird. Deswegen werden die Aufträge über die Zeit erteilt damit der Preis kontinuierlich angepasst und nicht rasch geändert wird. Die Gewinne der Insider sind etwa so hoch wie die Verluste der Liquiditätshändler.[282]
Die weiteren Überlegungen von KYLE (1985) zeigen, wie in einem dynamischen Modell die Insider im Zeitverlauf handeln und damit die neue Information in die Preise berücksichtigt werden, zusätzlich betrachtet er auch eine stetige Version. Auch bei KYLE (1985) entwickeln sich die Preise nach dem Random Walk Modell und sind semistreng effizient. Die beiden Modelle von GLOSTEN und MILGROM (1985) und von KYLE (1985) dienen in der Literatur häufig als Ausgangspunkt bei der Analyse unterschiedlicher Fragestellungen um die Feinstruktur von Wertpapiermärkten.[283]
Die Analyse von KYLE (1985) zeigt außerdem, dass bei einmaligem Handel die optimale Strategie des Insiders bewirkt, dass nur ein Teil seines Wissensvorsprungs im Marktpreis enthalten ist. Diese Ausführung wurde von ADMATI und PFLEIDERER (1988) erweitert indem sie auch den uninformierten Investoren einen strategischen Entscheidungsraum erlauben. Dadurch ergeben sich Muster in Handelsvolumen und Preisvolatilitäten, die empirische Beobachtungen erklären.

[281] Vgl. Ramser (2001), S. 22 f.
[282] Vgl. Franke (1993), S. 397 f.
[283] Vgl. Ramser (2001), S. 23

Diese Beobachtungen deuteten auf einen variierenden Informationsverarbeitungsprozess während eines Handelstages.[284] Diese Intraday-Muster von Volumen und Volatilität finden sich in den Arbeiten von MCINISH und WOOD (1990) sowie bei den KIRCHNER und SCHLAG (1997).[285]

Die Schlussfolgerung aus dem sequentiellen Gleichgewicht zeigt, dass die Informationseffizienz nicht nur statisches, sondern eher ein dynamisches Konzept ist. Verallgemeinerung dieses Modells in unterschiedlichen Formen findet sich bei EASLEY und O'HARA (1991, 1992) und EASLEY, KIEFER, O'HARA (1997).[286]

Die neuen Arbeiten im Bereich der Marktmikrostruktur verbinden die Fortschritte in der Informationswirtschaft, die rationalen Erwartungen und der unvollkomene Wettbewerb um Modelle für die Auswirkungen der Information auf die Marktpreisen zu konstruiren. Es werden dabei die Entstehung, Verbreitung und Verarbetung von Informationen berücksichtigt.[287]

Ein Bereich, der weitere Forschung benötigt ist die Preisfindung in den „multi-asset setting" oder „multi-market setting". Überlegungen zur „multi-market" Modells finden sich bei CHROWDHRY und NANDA (1991). Ansatz für weitere Überlegungen in der Theorie ist die Tatsache, dass der Bestand an Handelsobjekte nicht nur durch die Preise, sondern auch durch derivate Wertpapiere (Optionen oder Futures) oder durch Ausgleich der Positionen.[288]

3.4.4 Implikationen des elektronischen Handels auf die Marktstrukturen

Die Computerbörsen können sowohl nach dem Auktionsprinzip als auch nach dem Marktmacherprinzip organisiert werden. Für ihre Funktionsfähigkeit ist von Bedeutung, dass in den Algorithmen zur Handel und Preisfeststellung die entsprechenden Handels- und Preisfeststellungsverfahren integriert werden. Bei der Organisation des elektronischen Handelssystems als Auktionsbörse kann ein freiwilliges Market Making von Markteilnehmern zugelassen werden. Auf diese Weise wird die

[284] Vgl. Madhavan (2000), S. 14; Kirchner (1999), S. 8 f.
[285] Vgl. Kirchner (1999, Fussnote 6), S. 9
[286] Vgl. Madhavan (2000), S. 14
[287] Vgl. ebenda, S. 10
[288] Vgl. ebenda, S. 20

Kosteneffizienz des Auktionshandels mit der liquiditätserhöhenden Funktion von Market Maker verbunden.[289]

Die Marktstruktur eines Handelssystems beinhaltet Regeln, die das Handelsausführungsmechnismus und die Größe der zu vermittelten Preis- und Quotierungsinformationen bestimmen. Die drei Grundtypen sind:[290]

- continuous limit order book
- single-price auction
- trading system mit passive pricing

Bei dem „electronic order book" werden kontinuierlich Kauf- und Verkaufsaufträge (limit orders) eingestellt. Die „limit order" kann eine Kauforder zur bestimmten Handelsgröße bei/unter einem spezifischen Preis, oder Verkaufsorder über bestimmten Preis sein. Das „order book" zeigt die Aufträge normalerweise nach Preis und Zeit. Bild 4 zeigt beispielsweise das Orderbuch des früheren Island und heutigen INET. Der Handel kann anonym stattfinden, wobei die Orders automatisch gematcht werden.[291]

Bei dem „single-price auction system" können die Teilnehmer über die Zeit Orders einstellen, die von dem System zusammen zu einem bestimmten Preis und Zeitpunkt ausgeführt werden. Das System berechnet dabei den Ausführungspreis so, dass maximal viele Aufträge zusammengeführt werden können.[292]

Die passiven oder derivativen Handelssysteme haben kein eigenes Preisfindungsmechanismus, sondern benutzen die Preisen anderer Märkte. Einige Systeme schätzen zur Preisverbesserung der Marktzustand des „underlying" Marktes und benutzten dann einen besseren Preis als der beste Preis in dem „underlying" Markt. Die Festlegung der Preise kann während dem Handel variieren oder zu bestimmten Zeitpunkten fixiert werden.[293]

Nachfolgend werden zwei Marktstrukturen vorgestellt, wobei hinzuweisen ist, dass in der Praxis viele unterschiedliche Ausprägungsarten exisitieren.[294]

---

[289] Vgl. Domowitz, Steil (2002), S. 315; Knips (2000), S. 252
[290] Vgl. Hendershott (2003), S. 10; Domowitz, Steil (2002), S. 315
[291] Vgl. Hendershott (2003), S. 10 f.
[292] Vgl. ebenda, S. 11
[293] Vgl. ebenda
[294] Vgl. CGFS (2001), S. 4

- Bei dem zentralisierten Orderbuch findet eine multilaterale Interaktion zwischen den Marktteilnehmer statt. Dadurch entstehen große Order-Driven-Märkte. Zentraler Bestandteil ist ein Algorithmus, der anhand bestimmter Regeln die Angebote und die Nachfrage der Investoren zusammenführt. Daher werden die direkten Verhandlugen eliminiert. Beispiele für solche Märkte sind einige Aktien- und Futurebörsen. Die automatisierten zentralisierten Order-Driven-Märkte werden „electronic order books“ genannt. Die Teilnehmer handeln ohne Intermediation, wobei viele Systeme der Zugang für „dealers“ begrenzen. Die „dealers“ können durch Abgabe von Preisen an der Plattform teilnehmen, beeinflussen jedoch die Liquidität im System nicht.
- Dezentralissierte Märkte sind vorwiegend durch bilaterale Interaktion gekennzeichnet. Diese sind die so gennante OTC Märkte. Sie werden nach „inter-dealer„ und „dealer-to-customer“ Märkte gegliedert und sind vorwiegend Quote Driven. Die Händler geben Geld/Brief Preise, die entweder hinweisend oder auf bestimmtem Handelsvolumen bezogen sind. Sobald eine Handelsgröße verkauft wird, wird der Preis festgelegt. Beispiele für solche Märkte sind die Anleihe und Derivatbörsen. Die elektonischen Handelssysteme automatisieren Anfragen und Lieferungen von Handelssobjekten, die bereits telefonisch vereinbart wurden. Wenn nur ein Intermediär einbezogen wurde wird von „single-dealer system“ und bei mehreren von „multi-dealer system“ gesprochen.

Die Implikation der Technologie auf die Marktstruktur hängt davon ab, ob es sich um ein Auktionsmarkt oder ein Marktmachermarkt handelt. Die neun Technologien ermöglichen eine leichte Zusammenführung der Aufträge durch den Computer, wobei die Suchkosten gewaltig reduziert werden.[295]

Das Wesentliche eines Marktmachermarkts ist, dass der Market Maker Wertpapierbestand aufbauen muss. Die Technologien können ein „just-in-time“ Inventar an Handelsobjekten ermöglichen. Es werden jedoch weiterhin Kosten entstehen, die ihre Berücksichtigung in der Geld-Brief-Spanne finden.[296] Diese Spanne variiert bei den Systemen enorm. Grund dafür sind die unterschiedlichen Marktmodelle.

[295] Vgl. Gaa u.a. (2001), S. 61
[296] Vgl. ebenda

Während manche Handelssysteme wie die Crossing-Systeme keine Spreadkosten aufweisen, sind diese Kosten bei anderen Plattformen in Höhe von mehreren hundert Basispunkten.[297]

Bei dem eletronischen Handel haben die ECNs in den USA eine wichtige Profitquelle in dem Wert des „order flow" gefunden. Sie verkaufen häufig ihre „retail orders" an Market-Making-Firmen und bekommen Entlohungen für „order flow". Nach dem „best execution" Prinzip jedoch werden die bestmöglichen Preisen im Markt öffentlich zugänglich. Daher ist es überraschend, wieso die Market Makers extra für „order flow" zu zahlen bereit sind wenn die Spreads auf einem wettbewerbsfähigen Niveau sind. Die einzige zufriedenstellende Erklärung für dieses Phänomen basiert auf der asymmetrischen Information und kann durch das Modell von GLOSTEN und MILGROM (1985) rationalisiert werden.[298]

Die neueren Überlegungen auf dem Gebiet der Marktmikrostruktrutheorie beschäftigen sich mit den Netzeffekten, die sich durch die Vernetzung der Finanzmärkte ergeben und mit der Rolle der Marktmacher in den heutigen Märkten.[299]

Nach eigener Meinung wurden durch den elektronischen Handel nicht grundsätzlich die Marktstrukturen als Handelsmärkte verändert, sondern deren Eigenschaften. Die theoretischen Modelle von Finanzmärkten stellen nur eine vereinfachte Abbildung der Realität, in der es eigentlich vorwiegend Hybridmodelle zu bevorzugen sind, weil sie die Vorteile sonst alternativer Marktstrukturen kombinieren. Die Elektornisierrung kann vollständig das Parketthandel ersetzen und die Finanzmärkte zu einem globalen Markt verbinden. Dadurch werden viele Kostenarten gesenkt, die Transparenz und die Liquidität in dem Markt erhöht. Die IuKT verbessern die Qualität des Marktes und finden Integration in jeder Phase des Handelsprozesses.

[297] Vgl. Böhm (2004), S. 116
[298] Vgl. Schwarz-Schilling, Wahrenburg (2002), S. 8
[299] Vgl. Madhavan (2000), S. 23 ff.; Benhamou, Serval (1999), S. 15

4. Erklärung der Entstehung von ATS

In diesem Kapitel werden einige globale Entwicklungen dargestellt, die zu der Entstehung des Modells der alternativen Handelssysteme beigetragen haben. Im zweiten Teil werden unteschiedliche Gründe zum Aufbau und Nutzung von ATS angesprochen.

4.1 Faktoren des Strukturwandels

Technologien, Globalisierung, Deregulierung oder die Bedürfnisse der Investoren sind einige der treibenden Kräfte, die die Welthandelslandschaft umgebildet haben. Die Entwicklungen im Bereich der IuKT haben nicht nur den direkten Zugang zu den traditionellen Börsen errichtet, sondern auch die Entstehung neuer Marktplätze, die so genannten „Alternativ Trading Systems“ ermöglicht.[300] Die ökonomische Integration in und quer durch die Länder, die Fortschritte der Telekommunikationen und das Wachstum von Internet und drahtlose Kommunikationstechnologien haben die Struktur und die Natur der finanziellen Dienstleistungen dramatisch verändert. Das Internet und die damit verbundene Technologien sind nicht nur neue Informationskanäle sondern eine neue Art und Weise um Finanzdienste anzubieten.[301]

4.1.1 Globalisierung

Die Globalisierung führt allgemein zur Integration der Wirtschaften von Ländern. Hauptmerkmale sind Erhöhung des Handels mit Waren und Dienstleistungen oder schnelle Verbreitung von Technologien.[302] Das Ziel dabei ist, einen einzigen globalen, nahtlos ineinander übergreifenden Markt zu bilden.[303]
Die Globalisierung hat zu einer Zuwendung auf die ausländischen Handelsmärkte, größere Kapitalflüsse und erhöhte Teilnahme an den sich neu bildenden Märkten in dem internationalen Kapitalverkehr geführt.[304] Sie hat einen in außerordentlich

[300] Vgl. Pöll (2004), S. 1; Degryse, Van Achter (2002), S. 2; Gaa u.a. (2001), S. 37
[301] Vgl. Claessens u. a. (2001), S. 2
[302] Vgl. Gaa u.a. (2001), S. 46
[303] Vgl. Honeygold (1989), S.22
[304] Vgl. Böhme (2004), S. 18 in Anlehnung an Klöß (2001); Buch (2004), S. 220

hohe Volumina grenzüberschreitenden Kapitalverkehr zwischen den Ländern ermöglicht.[305] Die Verwendung modernerer Technologien führt dann zur Reduzierung der Transaktionskosten, die als Voraussetzung für die Liquiditätskonzentration gilt.[306] Dies wird auch durch die Einführung eines einheitlichen Handelssystems mit einheitlichen Standards, verringerter Aufwand einer einzigen Börsenzulassung und Konzentration der Handelsprodukte ermöglicht.[307]

Die institutionellen Investoren versuchen durch eine internationale Ausrichtung ihrer Portefeuilles das Risiko zu minimieren und gleichzeitig neue Chancen zu nutzen. Dieser Handel erfordert jedoch Engagement auf unterschiedlichen Börsen, die liquide sind und einen freien Zugang bieten. Die Durchführung der Transaktion soll dabei schnell, effizient, sicher, transparent und zu niedrigen Kosten stattfinden.[308]

Die Neuentwicklungen haben zur Konsolidierung und Zentralisation der Finanzmärkte geführt. Dadurch hat sich die Bedeutung von globalen Finanzhandelszentren gesteigert. Durch die verstärkte Nutzung des Internets und anderer elektronischen Handelsplattformen hat sich der Wettbewerb auf die nationalen Finanzmärkte erhöht.[309] Die Zentralisierung des Handels führt zur besseren Liquidität, geringere Kursausschläge und größere Wahrscheinlichkeit eines erfolgreichen Geschäftsabschlusses. Durch die Bildung eines einheitlichen Preises steigt die Markttransparenz.[310]

Die Globalisierung hat auch zu vielen Unternehmenszusammenschlüssen und -übernahmen geführt. Dies hatte zur Folge, dass einerseits die Unternehmen immer grösser wurden und dadurch auch der Bedarf an Finanzmitteln, der nicht mehr an einer einzigen Börse beschafft werden konnte und andererseits eine ständige Steigung des Handelsvolumens an den internationalen Börsenplätzen.[311]

Noch eine weitere Folge der Globalisierung sind die niedriger gewordenen Barrieren zwischen den Märkten. Dies wurde ermöglicht durch den Abbau von regulato-

[305] Vgl. Ludwig (2002), S. 15; Claessens u.a. (2001), S. 7; Gaa u.a. (2001), S. 46
[306] Vgl. Pöll (2004), S. 7
[307] Vgl. Ludwig (2004), S. 424
[308] Vgl. Ludwig (2002), S. 17; Gaa u.a. (2001), S. 47
[309] Vgl. Gaa u.a. (2001), S. 37
[310] Vgl. Knips (2000), S. 254
[311] Vgl. Ludwig (2002), S. 19 f.; Claessens u.a. (2001), S. 7

rischen Hindernissen, die das Bankwesen, Versicherungen und Wertpapiergeschäfte bislang trennten. Die Grenzen zwischen den finanziellen Intermediären verschwammen und das universale Angebot von Finanzinstrumente wurde als Standart festgelegt. Beispiel dafür war der Zusammenschluss von der Citigroup (Bankwesen) mit der Travelers Group (Versicherungen).[312]

4.1.2 Informations- und Kommunikationstechnologien

Die Struktur der Wertpapierhandelsindustrie wurde durch den zunehmenden Einsatz von Informationstechnologien im Wertpapierhandel verändert. Folge davon war das Verwischen der Grenzen zwischen Marktplätzen und Marktteilnehmern.[313] Die Entwicklung der Technologien hat einen großen Einfluss auf die Veränderung der Börsen und die Bildung der ATS. Aus dem zentralisierten Parketthandel entstanden Informations- und Kommunikationsnetzwerke, die auf elektronische Wege und vollautomatisch Kauf- bzw. Verkaufsorders in standardisierte Informationen und Nachrichten übersetzt und übermitteln.[314] Die Informationstechnologien haben die Transferierungsgeschwindigkeit des Kapitals deutlich erhöht.[315] Die Innovationen haben das globale Order Routing, breitere Verbreitung von Quotierungs- und Handelsinformationen ermöglicht. Die neuen Technologien senken die Aufbaukosten neuer Handelssysteme und die Barrieren für neue Wettbewerber. Die Kommuniationstechnologien bieten schnellere Order Routing und Verbreitung von Marktinformationen an eine größere Anzahl von Marktteilnehmern.[316] Die elektronischen Handelssysteme ermöglichen „real-time" Informationsverfügbarkeit und dezentraler Marktzugänge. Die Geschwindigkeit, Genauigkeit und Transparenz des internationalen Wertpapierhandels wurden bei deutlich höheren Handelsgrößen verbessert.[317]

Leistungsfähige, kostengünstige Hardware und niedrige Betriebskosten haben die Computerisierung und Vernetzung der Handelsplattformen ermöglicht. Dadurch konnten die Kosten des Speicherns, der Übertragung und Verarbeitung von Infor-

[312] Vgl. Claessens u.a. (2001), S. 8; Gaa u.a. (2001), S. 46; Honeygold (1989), S.23
[313] Vgl. Mühlberger (2004), S. 11
[314] Vgl. Ludwig (2002), S. 37; Claessens u.a. (2001), S. 14; Honeygold (1989), S. 48
[315] Vgl. Harrschar- Ehrnborg, (2002), S. 15
[316] Vgl. Hendershott (2003), S. 10; Gomber (2000), S. 59
[317] Vgl. Gomber (2000), S. 1

mationen seit den siebziger Jahren jährlich zwischen 25 – 30 % vermindert werden.[318] Die neuen Technologien führten zur Entwicklung von neuen Handelssystemen und reduzierten die Entwicklungs- und Implementierungskosten für die Plattformen.[319]

Die Kommunikations- und Handelstechnologien haben die möglichen Optionen zur Auftragsverteilung und -ausführung außerordentlich erweitert. Durch den Aufbau von Konektivität zwischen allen Arten von Handelsobjekten haben die Marktteilnehmer profitiert indem sie diese kostengünstiger und flexibler bekommen können. Die Order-Routing-Systeme können zur Überwachung der Preise in mehrere Handelsplätze programmiert werden. Dadurch können die Handelsplattformen die entsprechend den Bedürfnissen bestimmter Kunde effizienteste Strategie abschätzen und sofort zu ihrer Implementierung die Orders auf einen oder mehreren Marktplätzen ausführen.[320]

Die Technologie erlaubt den Marktteilnehmer direkt zu handeln. Dadurch werden sowohl der Zeitaufwand als auch die Transaktionskosten minimiert. Diese zwei Eigenschaften bezeichnen eine effiziente Kapitalmarktstruktur.[321]

Die zuvor betrachtete Globalisierung wurde auch durch die Entwicklung des Internets möglich. Dieses hat die Bildung von Informationsnetzwerke ermöglicht, die global Informationen über alle Märkte und die darin stattfindende Aktivitäten anbieten.[322] Das Internet und die drahtlose Kommunikationstechnologien haben eine komplett andere Art und Weise zum Angebot von Finanzdienstleistungen erschaffen.[323] Ein Vorteil, der direkt die Teilnehmer betroffen hat, war die Senkung der Informationskosten.[324] Die Anbieter von Finanzdienstleistungen können durch die Anwendung von „credit scouring“ und anderer „data mining“ Techniken, ohne viel Arbeitskraft und zu geringen Kosten, Produkte über das Internet entwickeln und nach maß schneiden. Die Analyse von im Internet gesammelten Informationen erlaubt eine viel bessere Schichtung der Kundenportefeuilles. Außerdem können

---

318 Vgl. Ludwig (2002), S. 37; Claessens u.a. (2001), S. 14; Honeygold (1989), S. 48
319 Vgl. Hendershott (2003), S. 10; BSK (2001), S. 7; Gaa u.a. (2001), S. 49
320 Vgl. SEC (2004b), S. 3
321 Vgl. Pöll (2004), S. 1
322 Vgl. Ludwig (2002), S. 39; Schulz (1999), S. 394 und 396
323 Vgl. Domowitz, Steil (2002), S. 314; Claessens u.a. (2001), S. 8
324 Vgl. Ludwig (2002), S. 39

die Teilnehmer online Präferenzprofile bilden. Dadurch werden die Finanzdienstleistungen kundenspezifisch bewertet und ein viel effizienteres Risikomanagement betrieben.[325] Die Online-Broker oder Day-Trading-Center ermöglichen Orders über das Internet elektronisch abzugeben und an die Börse direkt weiterzuleiten.[326] Die Nutzung des Internets zum Börsenhandel wurde von vielen Firmen erkannt und Unternehmen, Banken, Brokerfirmen, Investmentbanken oder Discount Broker (z. B. Charles Schwab & Co, Fidelity Brokerage Services, Merrill Lynch, J. P. Morgan, Consors, Direct Anlage) bieten bereits in privaten Netzwerken entsprechende Online-Dienstleistungen (Real-Time-Informationen, Online-Broking) an.[327]

Die IuKT ermöglichen eine Steigerung der Rechnerleistung und Erweiterung der Datenverarbeitungskapazitäten. Die notwendige Information ist in Echtzeit abrufbar, die Geschwindigkeit, die Genauigkeit und Transparenz der Handelstransaktionen sind deutlich höher, bei geringeren Transaktionskosten und höheren Handelsumsätzen.[328] Die Fortschritte bei der IuKT ermöglichen das Angebot eines breiten Spektrums von Finanzdienstleistungen durch einen Anbieter.[329] Durch die neuen Technologien werden die Aufträge schneller beim sofortigen Preis- und Transaktionsbestätigung ausgeführt und gehandelt.[330] Die Geschwindigkeit der Abwicklung und die Produktivität der Finanzinstitute wurden erhöht. Die heutige Handelsvolumina an den Börsen wäre ohne die technische Unterstützung durch elektronische Handelssysteme nicht möglich. Die Elektronisierung hat auch die Handelbarkeit von Dienstleistungen erhöht. Die Informationen können über weite Entfernungen in kürzester Zeit transferiert werden. Die Organisation der Kommunikation zwischen weit entfernten Orten kann dabei sehr gut organisiert werden.[331]

Durch skalierbaren und flexiblen Handelsplattformen, die mit modernen Technologien entwickelt wurden, war es möglich dem Anstieg der Handelsvolumen entgegenzukommen. Auf dieser Weise kann das System sogar bei der Erreichung der Kapazitätsgrenze durch die Integrierung neuer Computermodule in die bestehende

---

[325] Vgl. Böhme (2004), S. 18 in Anlehnung an Klöß (2001); Claessens u.a. (2001), S. 8
[326] Vgl. Ludwig (2002), S. 39
[327] Vgl. Harris (2003), S. 543; Ludwig (2002), S. 39 f.; Claessens u.a. (2001), S. 8
[328] Vgl. Domowitz, Steil (2002), S. 314; Ludwig (2002), S. 41
[329] Vgl. Claessens u.a. (2001), S. 8
[330] Vgl. CESR (2000), S. 11
[331] Vgl. Harrschar- Ehrnborg, (2002), S. 16

Infrastruktur erweitert werden. Außerdem kann eine Kompatibilität zwischen den Handelssysteme geschaffen werden, so dass zukünftige Allianzen und Fusionen machbar sein werden.[332]
Die technologischen Veränderungen haben gewaltig die Informationshandels- und andere Transaktionskosten gesenkt. Dadurch wurde die Grundlage zur enormen und grundlegenden Veränderungen in der Struktur und der Arbeitsweise der Finanzmärkte geschaffen. Folge davon ist das Öffnen und die Ausnutzung neuer Chancen und Möglichkeiten.[333]

4.1.3 Institutionalisierung und Professionalisierung

Die geographischen Grenzen des Wertpapiergeschäfts wurden durch die ansteigende Institutionalisierung und Professionalisierung der Marktteilnehmer auf den Wertpapiermärkten ausgeweitet.[334] Durch die Einführung der europäischen Währung “Euro” ist das traditionelle Währungsrisiko zwischen den Mitgliedsländer nicht mehr vorhanden. Die Transaktionen konnten bei den verschiedenen Anlagealternativen, die in gleicher Währung bewertet wurden, schneller und kostengünstiger abgeschlossen werden.[335] Durch die Professionalität der institutionellen Investoren und ihre große Portefeuilles sowie Auftragsvolumen ist es für sie möglich ganze Finanzmärkte zu beeinflussen. Durch Abgabe und Durchführung großer Orders werden Blocktransaktionen getätigt, bei denen die Transaktionskosten mit steigendem Volumen eine sinkende Richtung aufweisen.[336] Die professionellen Akteure sind die Lenker von Kapitalströmen. Sie entwickeln oder beteiligen sich an die ATS.[337]
Die Tatsache, dass die institutionellen Investoren große Anteile an Wertpapieren besitzen und verwalten, stellt sie in der Lage Wünsche und Ansprüche an die traditionelle Börse zu stellen, die eventuell nur von den ATS befriedigt werden könnten.[338] Wichtige Merkmale bei dem Handel dieser Investoren sind die Markt-

---

[332] Vgl. Ludwig (2002), S. 40 f.
[333] Vgl. Gaa u.a. (2001), S. 37
[334] Vgl. Ludwig (2002), S. 6
[335] Vgl. Pöll (2004), S. 1; Ludwig (2002), S. 6
[336] Vgl. Ludwig (2002), S. 7 ff.
[337] Vgl. Pöll (2004), S. 2
[338] Vgl. Ludwig (2002), S. 10; Gaa u.a. (2001), S. 49

transparenz, die Anonymität und die Liquiditätsorientierung bei der Kapitalanlage. Außerdem werden die Fondsmanager entsprechend ihrer Leistungen und der Gewinn aus den Investitionen bezahlt, so dass der Wunsch nach immer niedrigeren Transaktionskosten in der Suche nach effizienteren Handelsmöglichkeiten ihrer Ausprägung findet.[339]

4.1.4 Securitization

Eine Folge der Institutionalisierung des Kapitalmarktes ist die Securitization.[340] Sie ist eine Verlagerung der Kreditnahme aus dem Buch- ins Wertpapiergeschäft.[341] Darunter wird auch die Verbriefung von Forderungs- und Beteiligungsrechten der Wertpapiere verstanden.[342] Dies ermöglicht eine höhere Fungibilität und leichtere Vermarktung von Buchkrediten bei deren Verbriefung und höhere Liquidität bei den Investoren.[343] Außerdem entstehen Kostenersparnisse und Liquiditätsvorteile.[344]
Die Securitization reduziert die Rolle der Kreditinstitute, weil die Finanzierungsdienstleistungen von der Börse oder von Zwischenhändlern wie Wertpapiermaklern übernommen werden können. Das Engagement der Banken im Wertpapiergeschäft erhöht sich. Zudem wird durch Arbitragegeschäfte eine engere Vernetzung der Märkte gefördert.[345] Die Securitization ermöglicht eine engere Verbindung zwischen Kapital- und Devisenmärkten.[346]
Die securitizierten Finanzinstrumente können grenzüberschreitend viel leichter gehandelt werden. Der Grad der Securitization eines Handelsobjekts hängt von der Fähigkeit die Information zwischen den Händlern zu übertragen und von der Fähigkeit Drittpersoninvestoren, das mit bestimmtem Vertrag verbundene Risiko abzuschätzen und zu bewerten.[347]

---

339 Vgl. Ludwig (2002), S. 15
340 Vgl. ebenda, S. 21
341 Vgl. Honeygold (1989), S. 31
342 Vgl. Tkaczenko, Krautwurst (2004), S. 319; Ludwig (2002), S. 21
343 Vgl. Ludwig (2002), S. 21
344 Vgl. Honeygold (1989), S. 33
345 Vgl. Ludwig (2002), S. 21
346 Vgl. Honeygold (1989), S. 34
347 Vgl. Buch (2004), S. 220

4.1.5 Disintermediation

Neben den zuvor angesprochenen Securitization ist auch die Disintermediation gestiegen. Das bedeutet, dass die Einschaltung von Intermediäre bei Finanzgeschäften immer seltener geworden ist und dass der direkte Kontakt bevorzugt wird.[348] Die Disintermediation ermöglicht neue Formen des Zugangs zu Wertpapiermärkten wie die ATS, ohne einen Zwischenhändler und mit reduzierten Kosten. Bereits seit langem bieten viele Brokerfirmen und Direktbanken Finanzdienstleistungen im Internet zur besseren Bedingungen als die traditionellen Börsen oder Banken.[349] Es ist eine Verschiebung innerhalb des Finanzsektors zu beobachten, wobei die alternativen Finanzdienstleistungsunternehmen immer mehr Marktanteile gewinnen.[350] Die IuKT erlauben direkten Online-Zugang zur wichtigen Informationen und ermöglichen außerbörsliche Emissionen und Sekundärhandel.[351]

4.1.6 Deregulierung

Die Deregulierungsmaßnahmen haben ihren Anfang bereits in den siebziger Jahren in den USA.[352] Sowohl in den USA als auch in Europa gabt es Veränderungen bei der Kontrolle der Zinsen oder der Kapitalanforderungen sowie aufgrund geographischer Deregulierungen.[353] Die SEC hat damals die festen Gebührensätze bei den Wertpapiertransaktionen abgeschafft. Elf Jahren später folgten auch die übrigen Börsen. In England fand eine umfassende Liberalisierung des Börsenrechts um die Wettbewerbsfähigkeit des London Stock Exchange (LSE) zu erhöhen. Die Maßnahmen haben insgesamt den internationalen Handel stark gefördert.[354] In Europa wurde den Liberalisierungsbedarf von der Europäischen Union durch das im Jahr 1999 verabschiedeten „Financial Service Action Plan" unterstützt. Der Abbau von Barrieren zugunsten des Wettbewerbs beseitigte gleichzeitig die Regelungen, die den Zugang von personen- und unternehmensbezogenen

---

[348] Vgl. Ludwig (2002), S. 22; Gaa u.a. (2001), S. 52
[349] Vgl. Ludwig (2002), S. 24 f.; Gomber (2000), S. 62
[350] Vgl. Tkaczenko, Krautwurst (2004), S. 327
[351] Vgl. Ludwig (2002), S. 24 f.
[352] Vgl. Buch (2004), S. 11; Franke (2002), S. 226; Ludwig (2002), S. 30
[353] Vgl. Buch (2004), S. 10
[354] Vgl. Franke (2002), S. 226; Ludwig (2002), S. 30 ff.

Kriterien verhindern (z.B. Zugangsschranken für ausländische Börsenteilnehmer).[355]

Die Deregulierung sollte die weltweiten starren Strukturen auflockern, gleiche Bedingungen für alle Marktteilnehmer gewährleisten und die Möglichkeiten der Finanzinstitute verbessern. Folgen davon sollen geringeren Transaktionskosten und stärkere Leistungsfähigkeit der Märkte sein.[356]

Die regulatorische Änderungen waren z.B. die Liberalisierung des Kapitalverkehrs, Harmonisierung der Kapitalmarktbedingungen, Lockerung von Investmentvorschriften oder die Privatisierung staatlicher Rentensysteme.[357]

Die Entwicklung der Marktstrukturen und des Börsenwettbewerbs wurde in den neunziger Jahren des 20. Jahrhunderts durch die Wertpapierdienstleistungsrichtlinie (WPR) beeinflusst. Wichtige Punkte sind die Erwerbung eines Rechts der Fern-Mitgliedschaft (remote access) an ausländischen Börsen von den Marktteilnehmern, die Installierung von Zugangsterminals im Ausland durch die nationalen Börsen um die dort ansässigen lokalen Märkten an dem Handel zu beteiligen und der Handel durch elektronische Netzwerke.[358]

Die Deregulierung und die internationale Harmonisierung bestehender Vorschriften für Finanzinstitute haben die Möglichkeiten grenzüberschreitender Transaktionen verbessert. Außerdem wurden dadurch die Zugangmöglichkeiten zu anderen Märkten erhöht.[359]

4.2 Vorteile und Gründe zur Entstehung und Benutzung von ATS

In diesem Kapitel werden einige der Vorteile von ATS dargestellt, die gleichzeitig die Motivation der Investoren zur Nutzung der Systeme anregen und Gründe für den Aufbau von neuen Handelsplattformen aufzeigen. Außerdem zeigen diese, unterschiedliche Verbesserungen der Marktmikrostrukturansätze.

Das börsliche Leistungsangebot im Wertpapierhandel kann qualitativ und quantitativ durch unterschiedliche Indikatoren bewertet werden. Beispiele sind Kosten,

---

[355] Vgl. Pöll (2004), S. 1
[356] Vgl. Honeygold (1989), S. 42
[357] Vgl. Böhme (2004), S. 18 in Anlehnung an Klöß (2001)
[358] Vgl. Ludwig (2002), S. 36
[359] Vgl. Böhme (2004), S. 18 in Anlehnung an Klöß (2001); Harrschar- Ehrnborg, (2002), S. 15

Schnelligkeit, Transparenz oder Sicherheit der Ausführung. Die Qualität eines Handelssystems kann z.B. durch Marktliquidität, Markttransparenz, Preisstetigkeit, Marktvolatilität, Marktspanne oder die Informationseffizienz gemessen werden.[360]
Einen ersten Überblick über die Vorteile der ATS gibt Tabelle 9. In der Tabelle 10 werden andererseits einige der Motive für ATS aus Nachfrager- und Anbietersicht dargestellt.

4.2.1 Effizienz

Nach Fama (1970) ist ein Wertpapiermarkt informationseffizient, wenn die Kurse der Handelsobjekte unverzüglich und korrekt alle relevanten Informationen widerspiegeln. Die neuen bewertungsrelevanten Informationen führen in diesem Fall zur informationsinduzierten Kursanpassungen.[361]
In der Praxis benutzten die Händler elektronische Systeme um die Liquidität und den Handel zu beobachten und strategisch die Informationen zu nutzen. Dadurch vermindert sich der „price impact" der ausgeführten Orders.[362] Voraussetzung zur Informationseffizienz ist, dass die preisrelevanten Informationen allen Akteuren schnell, vollständig und zu geringen Kosten zugänglich sind. Der elektronische Handel fördert sowohl die Informations- als auch die Transaktionseffizienz.[363] Der Einsatz von moderner IuKT hat die Informationsbeschaffungs- und Informationsverarbeitungskosten gesenkt. Außerdem wurde die Auswertung der Informationen verbessert, was zu präziseren Prognosen künftiger Kursentwicklungen, sinkenden Reaktions- und damit auch Informationsverarbeitungszeiten sowie zunehmenden Informationsmengen geführt hat.[364] Die ATS veröffentlichen viel schneller und zuverlässiger Informationen über die Marktlage, weil während die Händler auf dem Parkett alles selbst eingeben müssen, steht bei den Systemen die Information bereits in elektronischer Form.[365] Die Elektronisierung steigert die Informationseffizienz, weil alle Marktteilnehmer über den gleichen Informationszugang verfügen. Die Marktdaten, wie Umsatzzahlen oder Ordersituation, werden den Systembenut-

[360] Vgl. Böhme (2004), S. 2 und 3; Madhavan (2000), S. 21
[361] Vgl. Kirchner (1999), S. 5
[362] Vgl. Degryse, Van Achter (2002), S. 5
[363] Vgl. Knips (2000), S. 225
[364] Vgl. Michler (1999), S. 148
[365] Vgl. Harris (2003), S. 549

zer sofort angezeigt. Daher kann eine simultane Informationsverarbeitung stattfinden. Dies hat zur Folge, dass die Informationen schneller in die Kursbildung einfließen werden. Dieser Prozess wird dann die Informations- und Suchkosten minimieren.[366] Die elektronischen Systeme automatisieren die Sammlung von Vorhandels- und Nachhandelsinformationen, die Preisquotierungen sowie die Ausführung der Aufträge. Durch die Zunahme und Zeitlosigkeit der Informationsgröße wird die Effizienz gesteigert, die Suchkosten reduziert und die die besten Preise erzielt.[367]

Die Automatisierung des Wertpapierhandels durch elektronische Order-Routing-Systeme oder Systeme zur Unterstützung von Clearing und Settlement steigert auch die operative Effizienz.[368] Die Erhöhung der Geschwindigkeit durch die Computerisierung erlaubt die simultane Verarbeitung großer Mengen von handelsbezogenen Informationen. Dadurch können Lösungen für alle handelsbezogenen Prozesse in den Finanzinstitutionen entwickelt werden. Somit führt die Erhöhung der operationellen Effizienz zur Verringerung der Handels- und Auftragsbearbeitungskosten. Der elektronische Handel ermöglicht eine direkte Verbindung der Ausführung, der Bestätigung, das Clearing und das Settlement von Geschäften mit Marktrisikomanagement- und operationellen Risikomanagementprozeduren. Dies ist das so genannte „straight-through-processing“ (STP), das nicht nur die Kosten, sondern auch das Risiko beim Aufzeichnen und Speichern der Deals reduziert.[369]

4.2.2 Kosten

Der Wettbewerb zwischen ATS, Börsen und OTC-Brokers beeinflusste die Handelskosten und erschaffte einen billigeren und effizienteren Handel. Folge davon waren niedrigere Kommissionen, geringere „tick sizes“ und engere Geld-Brief-Spannen. Die ATS können den Handel sicherer und effizienterer gestalten (Bsp. Europäische OTC Märkte für Staatsanleihen).[370] Die automatisierten Märkte weisen geringere Handelskosten gegenüber den nicht automatisierten auf. Auch auf

[366] Vgl. Knips (2000), S. 252 f.
[367] Vgl. CGFS (2001), S. 11
[368] Vgl. Kirchner (1999), S. 43
[369] Vgl. CGFS (2001), S. 10
[370] Vgl. CESR (2000), S. 11

internationalem Niveau beeinflusst die automatische Handelsmarktmikrostruktur die Kosten.[371] DOMOWITZ (2001) betrachtet unterschiedliche Gründe dafür. Eine davon ist das elektronische Limit Orderbuch. Dieses Werkzeug erlaubt den Teilnehmern problemlos und ständig bestimmte Liquiditätscharakteristiken zu beobachten. Die Händler können ihre Aufträge dann abgeben, wenn der Markt liquide ist, was geringere Transaktionskosten impliziert.[372] Die Elektronisierung führt zur Absenkung der Fehlerquote und verbesserte Kontrollmöglichkeiten, was wiederum die Kosten minimiert.[373]

Die ATS und das Parketthandel haben unterschiedliche Kostenstrukturen. Beide Handelsmärkte haben am Anfang hohe Aufbaukosten, die operativen Kosten sind jedoch auf einer traditionellen Börse höher. Einige Verkäufer bieten funktionsfähige ATS zum Preis von 5 Millionen Dollars an. Sobald das System aufgebaut worden ist, sind die Managementkosten gering, weil alles automatisch abläuft. Die Hauptkosten sind die Kosten für die Telekommunikation und Kosten für Informationsaufbewahrung. Die Systeme sind außerdem billiger in der Hinsicht, dass keine hoch bezahlten professionellen Broker benötig werden. Viele traditionelle Börsen haben ausgerechnet, dass es billiger ist ein ATS zu bilden, anstatt den Parketthandel zu automatisieren.[374]

Die Transaktionskosten sind weltweit gefallen. Begründungen dafür sind die Konkurrenz um den „order flow“, Veränderungen in den Handelsstrategien um sie an die Liquiditätseigenschaften anzupassen, erhöhten institutionellen Handel, der Druck der neuen Handelssysteme und die Disintermediation.[375]

Die Kosten am Sekundärmarkt werden in direkten (expliziten, phasenspezifisch) und indirekten (impliziten, marktspezifisch) Kosten unterschieden.[376] Die ATS senken sowohl die expliziten als auch die impliziten Kosten.[377]

Die direkten Kosten entstehen bei der Bearbeitung der Aufträge und Abwicklung der Geschäfte durch Broker, Banken und Börsen. Beispielweise sind diese die

[371] Vgl. Degryse, Van Achter (2002), S. 5; Domowitz, Steil (2002), S. 317
[372] Vgl. Degryse, Van Achter (2002), S. 5
[373] Vgl. Knips (2000), S. 253
[374] Vgl. Harris (2003), S. 549 ff.
[375] Vgl. Degryse, Van Achter (2002), S. 3; Domowitz, Steil (2002), S. 314; Gomber (2000), S. 2
[376] Vgl. Böhme (2004), S. 39; Gomber, Schweickert (2002), S. 486; CGFS (2001), S. 13; Knips (2000), S. 234
[377] Vgl. Mühlberger (2004), S. 4

Kosten der Auftragsannahme und –weiterleitung, die Erfüllungskosten oder die Kosten der Auftragsabrechnung. Sie werden als Provisionen und Courtagen von Börsen und Intermediäre verlangt.[378] Die Konkurrenz zwischen den einzelnen Handelssystemen und die Nichtbeschäftigung von Intermediären tragen zur Kostensenkung bei.[379] Außerdem zählt die Geld-Brief-Spanne zu den direkten Kosten.[380] Der elektronische Handel kann alle Komponenten dieser Spanne reduzieren.[381]

Die indirekten Kosten entstehen, sobald ein Auftrag den Aktienpreis beeinträchtigt, verzögert ausgeführt, oder gar nicht durchgeführt wird. Diese sind z.B. die Informations- und Suchkosten.[382] Weitere Arten sind die Timing Kosten, die Kosten des Market Impacts und die Opportunitätskosten. Die Market Impact Kosten setzten sich aus einer Liquiditätsprämie und der adverse Preisbewegung.[383] Der elektronische Handel kann die variablen Kosten der Auftragserfüllung signifikant senken. Vor allem je größer das Auftragsvolumen, desto größer wird der Unterschied der indirekten Kosten gegenüber den traditionellen Börsen sein.[384] Die ATS bewirken eine Senkung der impliziten Transaktionskosten, indem durch Echtzeitabwicklung und erhöhte Ausführungssicherheit die Timing-Kosten und die Opportunitätskosten reduziert werden. Als problematisch stellte sich die erwartete Senkung des Market Impacts heraus. Das Problem wurde bei dem frühren ATS Island, heutigen INET und der Nasdaq in den USA untersucht. Die Analyse hat festgestellt, dass die Absprachen der Marktmacher innerhalb eines Markplatzes, die die höhere Geld-Brief-Spannen induzieren, allein durch den von der ATS bewirkten Wettbewerb zwischen den Handelsplätzen nicht zu verhindern sind. Vor allem bei notierungsgesteuerten Systemen finden sich große Geld-Brief-Spannen aufgrund der Kosten der Liquiditätsbereitstellung von Marktmacher zur Verminderung des Preiseffektes durch Großorders.[385]

---

[378] Vgl. Gomber, Schweickert (2002), S. 486
[379] Vgl. Mühlberger (2004), S. 4
[380] Vgl. CGFS (2001), S. 13; Knips (2000), S. 234
[381] Vgl. CGFS (2001), S. 14
[382] Vgl. Mühlberger (2004), S. 4; Knips (2000), S. 234
[383] Vgl. Böhme (2004), S. 67; Gomber, Schweickert (2002), S. 486
[384] Vgl. CGFS (2001), S. 13
[385] Vgl. Mühlberger (2004), S. 4

Anhand einer Untersuchung von BÖHME (2004) für die Transaktionskostenniveaus ausgewählter alternativer Handelssysteme wurde festgestellt, dass:[386]

- Bestimmte ATS die Spreadkosten vollständig vermeiden können,
- Market Impact- und Opportunitätskosten von einigen ATS stark reduziert oder vollständig eliminiert werden können.

Der Erfolg von ECNs in dem Nasdaq System wird auf zwei Faktoren geführt. Erstens die niedrigen operative Kosten beim Management eines ECNs und andererseits die relative Ineffizienz der Dealers in Nasdaq.[387] Die empirische Untersuchung von CONRAD et. al. (2001) hat festgestellt, dass die Ausführungskosten bei einem ECN wesentlich niedriger sind, als die der traditionellen Broker. Die Differenz beträgt dabei circa 0,3 % des Aktienwertes.[388] Insgesamt setzt sich der sinkende Kostentrend bisheriger Studien fort. Zudem sind die in Europa ansässigen ATS transaktionskostengünstiger als diejenige in den USA.[389]

Eine Senkung der Transaktionskosten kann durch die Standardisierung der Handelsabläufe, Senkung der Informations,- Such-, Verhandlungs-, und Prüfkosten oder Übermittlung von Informationen online bewirkt werden.[390]

4.2.3 Liquidität

Die Vernetzung von Handelssysteme und Börsen bringt Netzwerk-Externalitäten mit sich. Mit der steigender Anzahl von Marktteilnehmer erhöht sich auch die Liquidität innerhalb eines Marktplatzes. Liquiden Märkten ziehen andererseits noch mehr Teilnehmer, so dass sich dieser Effekt selbst verstärkt.[391] Die ATS charakterisieren sich mit geringeren Transaktionskosten, was immer mehr Investoren anlocken kann um so die Liquidität zu konzentrieren und erhöhen.[392]

---

386 Vgl. Böhme (2004), S. 146
387 Vgl. Schilling, Wahrenburg, (2002), S.8; Benhamou, Serval (1999), S. 10
388 Vgl. Schilling, Wahrenburg, (2002), S.8
389 Vgl. Böhme (2004), S. 146
390 Vgl. Claessens u.a. (2001), S. 15; Knips (2000), S. 235
391 Vgl. Ludwig (2002), S. 266
392 Vgl. Pöll (2004), S. 7

4.2.4 Transparenz

Die Transparenz im Markt bezeichnet die Fähigkeit des Marktes, ihren Teilnehmern transaktionsrelevante Informationen zur Verfügung zu stellen.[393] Das Orderbuch im elektronischen Handel erlaubt die Beobachtung der Marktlage. Dabei sind Informationen zu gewinnen, wie die besten An- und Verkaufspreise, die Orderbuchtiefe sowie das Kauf- und Verkaufsvolumen mit den zugehörigen An- und Verkaufslimits. Nur bei einer Auktion kann das Orderbuch teilweise geschlossen werden. Die Marktteilnehmer werden aber ständig über die Auftragslage informiert. Dies geschieht durch einen indikativen Preis, der der eventuelle Preis bei der Ausführung von Aufträgen in der Auktion darstellt. Wenn kein solcher Preis gebildet werden kann, wird dieser durch das beste Verkaufs- und/oder Kauflimit ersetzt. Sobald der Handel abgeschlossen ist, werden die Handelsdaten öffentlich bekannt gegeben.[394] Der Einsatz von moderner IuKT führt zu einer steigenden Transparenz auf den Finanzmärkten.[395]

4.2.5 Technologie

Die elektronische „order-matching" Technologie ist skalierbar, das bedeutet, dass sie mit ähnlicher oder größerer Effizienz arbeitet je mehr sie beansprucht wird. Es können viel mehr Händler an dem Handel teilnehmen und miteinander kommunizieren als auf dem Parkett. Bei den ATS können viele Deals gleichzeitig vom System durchgeführt und abgeschlossen werden. Die Marktteilnehmer sind dann nur auf der Kreierung und Abgabe der Aufträge konzentriert.[396] Die elektronische Erfassung der Marktlage und die unbeeinflußte Zusammenführung der Aufträge macht die weitere Dokumentation der Korrektheit des Preisbildungsprozesses durch „amtliche" Kursfeststellung überflüssig.[397] Zudem ist die Geschwindigkeit der Bearbeitung, Matching und Abschluss eines Orders viel grösser, als auf dem Parketthandel. Dadurch wird ein viel schnellerer Handel ermöglicht.[398] Die durch-

[393] Vgl. Böhm (2004), S. 199
[394] Vgl. Ullrich (2004), S. 39; CGFS (2001), S. 12
[395] Vgl. Michler (1999), S. 148
[396] Vgl. Harris (2003), S. 547
[397] Vgl. Prechtel (2001), S. 13
[398] Vgl. Harris (2003), S. 547

nittliche Ausführungszeit in den USA August 2003 war bei den traditionellen Börsen größer als 20 Sekunden, während bei den ECN diese 2-3 Sekunden betragen hat.[399] Die ganze Dokumentation wie Zeit der Annahme und Ausführung eines Auftrags, Preisen, Mengen, Ansprechpartner kann viel schneller notiert und gespeichert werden. Es gibt auch einige elektronische Lösungen wie „Messaging Systems", die der Austausch von elektronischen Nachrichten oder die Möglichkeit zum Platzierung von limitierten Orders mit ungenannter Größe ermöglichen.[400]
Die ATS müssen sicher sein, weil der Handel mit großen Geldbeträgen stattfindet. Um sicherzustellen, dass keine Hackers oder Leute, die im anderen Namen handeln das System benutzten, werden unterschiedlichen Informationsverschlüsselungstechniken und Identifizierungssysteme eingesetzt.[401] Außerdem muss die Zuverlässigkeit der Systeme gewährleistet sein, da sonst ein Rechner- oder Netzwerkabsturz die Beedung des gesamten Handels verursachen kann. Die Systembetreiber investieren in Hardware und Software Systeme, die alle Probleme eliminieren sollen, oder beim Auftritt eines Abbruchs die Wiederherstellung des Handels ermöglichen. Beispiele für solche präventiven Vorhaben finden sich in Tabelle 11.[402]

4.2.6 Marktzugang

Bei den elektronischen Handelssystemen entfällt die physische Präsenz am Handelsplatz. Dadurch erhöht sich die Anzahl potentieller Marktteilnehmer, wodurch positive Effekte auf die Liquidität verursacht werden.[403] Die Möglichkeit von überall zu handeln und nicht nur auf dem Börsenparkett, erlaubt den Marktteilnehmern in ihren Büros zu sitzen, mit anderen zu telefonieren und zur Unterstützung ihres Handels auf viele Informationssysteme zuzugreifen.[404] Das Wachstum von indexbezogenen und paneuropäischen Produkten hat bewirkt, dass eine zunehmende Anzahl institutioneller Portefeuilles nach Branchen und nicht mehr länderbezogen gebildet werden. Somit wird die Zulassung von ATS an mehreren

[399] Vgl. Mühlberger (2004), S. 4
[400] Vgl. Harris (2003), S. 547 f.
[401] Vgl. ebenda, S. 550
[402] Vgl. ebenda, S. 549 f.
[403] Vgl. Knips (2000), S. 253
[404] Vgl. Harris (2003), S. 546 f.

Börsen von Investoren immer stärker gefragt. Beispielsweise ist das frühre Instinet, heutigen INET an 19 Börsen als Mitglied registriert und ermöglicht den Zugang zu 40 Aktienmärkten weltweit. Anderenfalls wenn ein Broker die fünfzig liquidsten Aktien Europas handeln möchte, muss er Mitglied von 8 Börsen sein und sich mit den verschiedenen Gesetzmäßigkeiten und Clearing und Settlement Systemen auskennen.[405] Diese Internationalisierung der Märkte wurde durch das so genannte Remote Membership und die Kooperationen möglich. Das Remote Membership erlaubt eine dezentrale Anbindung des Teilnehmers an das zentrale Handelssystem. Die Kooperationen andererseits bringen Kostenersparnisse mit sich, wie bei der in 1999 stattgefundene Kooperation zwischen CBOT und der Eurex.[406] Die Zentralisierung des Informationsverarbeitungsprozesses erhöht die Preisbildungseffizienz und senkt die Suchkosten. Zudem sinken die Transaktionskosten, weil weniger Gebühren entrichtet werden müssen. Die Verwaltungskosten nehmen ab und die Zulassungsgebühren müssen nur einmal bezahlt werden.[407]
Die neuen Technologien haben nicht nur den Marktzugang für die insitutionellen Investoren verbessert, sondern auch die selbständige Teilnahme von privaten Investoren ermöglicht. Dadurch wurden auch die Reaktionszeiten auf den Kapitalmärkten deutlich gesenkt.[408]

4.2.7 Anonymität

Die ATS unterstützen den anonymen Handel. Dadurch kann der Market Impact großer Aufträge reduziert werden. Die Investoren haben zudem die Möglichkeit der ihren Bedürfnissen am besten entsprechenden Handelsdienst zu wählen, der für die spezifische Art der Transaktion geeignet ist.[409] Durch die Anonymität wird die in der Geld-Brief-Spanne enthaltene Liquiditätsprämie verringert.[410] Eine Vielzahl von elektronischen Order-Routing- und Handelsnetzwerke hat sich in elektronische „order-driven-matching" Systeme weiterentwickelt, die speziell für Marktteilnehmer,

[405] Vgl. Mühlberger (2004), S. 4
[406] Vgl. Pöll (2004), S. 7
[407] Vgl. Knips (2000), S. 256
[408] Vgl. Gomber (2000), S. 1
[409] Vgl. CESR (2000), S. 11
[410] Vgl. CGFS (2001), S. 14; Gomber (2000), S. 63

die nach Anonymität suchen, bestimmt sind.[411] Durch die Anonymität werden Informations- und Preiseffekte vermieden, was zu geringeren Handelskosten führt.[412]

4.2.8 Fairness

Viele Händler sind überzeugt, dass die ATS die gerechteste Marktstruktur von allen anbietet, weil sie nur das tun, wofür sie programmiert wurden. Sie befolgen die Regeln des Handels ohne Ausnahmen und führen die Aufträge nach Anweisungen sowie nur mit den vom System zugelassenen Händlern durch. Auf dem Parkett dagegen hängt die Gerechtigkeit von dem Verhandlungsgeschick und der Ehrlichkeit der Marktteilnehmer, die die Geschäfte vereinbaren ab. Die Geschichte kennt viele gut dokumentierte Skandale auf den traditionellen Börsen wie nicht ehrlich ausgeführte Aufträge, betrügerische Geschäfte oder von unehrliche Händler vorausarrangierte Deals. Diese Probleme können auch bei den ATS auftreten, jedoch nur wenn der Systembetreiber nicht aufrichtig ist. Die ATS erzeugen sehr schnell und fehlerlos die Dokumentation, die alle Geschäfte im Markt transparent macht. Deswegen werden die ATS von vielen Markteilnehmern bevorzugt.[413]

4.2.9 Diensleistungen

Die ATS bieten für unterschiedliche Investorengruppen maßgeschneiderte und bedarfsgerechte Transaktionsdienstleistungen.[414] Die von den ATS angebotenen Dienstleistungen werden besser an die spezifischen Bedürfnisse der Kunden angepasst. Die Systeme unterstützen eine große Möglichkeit von Methoden zur Auftragsausführung. Beispiele sind die kontinuierlichen Auktionen, limit Orderbuch, Crossing und Order bevorzugte Modelle.[415] Außerdem bieten die ATS wertorienterte Dienstleistungen an (Tabelle 12).[416]

Die ATS erhöhen die Wahlmöglichkeiten der Investoren in Bezug auf die Marktmodelle. Neben dem besten Preis, der Ausführungsgeschwindigkeit und –sicherheit

[411] Vgl. Claessens u.a. (2001), S. 14
[412] Vgl. Gomber (2000), S. 63
[413] Vgl. Harris (2003), S: 544 f.
[414] Vgl. Gomber (2000), S. 58
[415] Vgl. CESR (2000), S. 11
[416] Vgl. bondmarkets.com (2004), S. 3

ist auch die Art der Ausführung für die Investoren von Bedeutung. Die ATS haben Spezialisierungsvorteile gegenüber traditionellen Börsen, die das Angebot maßgeschneiderter Marktmodelle erlauben. Die Systemteilnehmer können nach gewünschter Art der Preisfindung und Ausführung ein preisimportierendes, ein notierungsgesteuertes, ein „hit-or-take-„, oder ein Auktionssystem benutzen.[417]
Die ATS erweitern durch verlängerte Handelszeiten, Zugang zu Aktienmärkten weltweit und innovative Anlagekategorien wie Finanzinstrumente aus dem Bereich „private equity" die Handelsmöglichkeiten der Investoren. Der nachbörsliche Handel beinhaltet signifikante, aber nicht immer effiziente Preisfindung, die von den informierten Händlern ausgenutzt werden kann. Die großen Preisausschläge und Informationsasymmetrien haben jedoch viele uninformierte Marktteilnehmer abgeschreckt. Während einige ATS immer noch verlängerte Handelszeiten anbieten, wurde der Handelstag bei den Börsen wieder auf das gewöhnliche verkürzt.[418]

[417] Vgl. Mühlberger (2004), S. 5
[418] Vgl. ebenda, S. 4

5 Derzeitige Formen institutioneller Ausgestaltung

In diesem Kapitel werden die kurze Historie der ATS, die derzeitige Situation und die Formen der Handelssysteme in den USA und Europa dargestellt.

5.1 Geschichtliche Entwicklung

Der elektronische Handel hat ihren Anfang bereits in 1957 in den USA, als das Unternehmen Quotron Inc. zum ersten Mal die Marktteilnehmer mit Informationen über die Wertpapierkurse zu versorgen angefangen hat. Der nächste Schritt war die Übermittlung von Kauf- und Verkaufspreisangebote. Schließlich war es möglich die Transaktionen vollautomatisch ohne Intermediäre durchzuführen.[419]

Die ersten ATS waren die im 1969 vorgestellten Systeme: Autex Systems (Xerox) und Instinet (Institutional Networks). Im Jahr 1971 wurde der Nasdaq als OTC-Markt organisiert. Alle Handelsplattformen verbreiteten „state-of-the-art“ Informationen und stellten „up-to-the-minute“ Kursnotierungen von Aktien und Anleihen dar. Danach wurden nationale, regionale und OTC-Märkte gebildet, die billigeren elektronischen Handel ermöglichen sollten. Beispiele sind AUTOPER (1983), SCOREX (1979), MAX (1980) und CAES (1979). Im Jahr 1982 wurden experimentell das Intermarket Trading System (IST) und CAES verbunden. Zwei Jahre später Herzog, Heine und Geduld stellten das COLT System vor, das Aufträge automatisch ausführt. In dem gleichen Jahr plante NASD die Vorstellung eines Small Order Execution System (SOES), das automatische Auftragsausführung erlaubt. Die NYSE stellte zu der gleichen Zeit das super-DOT System.[420]

Die ATS haben ihr Ursprung in den USA aus dem außerbörslichen Aktienhandel. Die modernen Kommunikationstechnologien haben die Evolution ermöglicht. Am Anfang waren sie nur unterstützende Informationssysteme ohne, dass sie in das nationale Handelssystem integriert wurden. Die Benutzer waren die institutionellen Investoren und die Broker-Dealers. Weil die Kursnotierungen in den ATS besser als in Nasdaq waren, haben sich die ATS als Handelsmarkt bestätigt und vergrö-

---

[419] Vgl. Marshall, Carlson (1985), S. 285

[420] Vgl. Marshall, Carlson (1985), S. 286 ff.

ßert. Der nächste Schritt war der Aufbau von Netzwerken mit hohem Organisationsgrad, in denen die Handelsteilnehmer direkt miteinander handeln und Geschäftsabschlüsse tätigen können. Die Systeme sind als Bildschirmhandel organisiert. Für die Benutzung verlangen die Börsenbetreiber ein Entgelt.[421]

In 1996 führte das SEC die „Order Handling Rules", die die ATS in das U.S. Marktsystem integrieren sollten ein. Diese Regelungen schrieben den Marktmachern und den Specialists vor, den Wert der Kursnotierungen, die sie in den ATS platzieren, öffentlich bekannt zu geben. Dies hatte eine sofortige Reaktion in den Kapitalmärkten indem die Spanne der An- und Verkaufskurse enger wurde.[422] Diese Regelung und die danach im Jahr 1998 gefolgte „Regulation ATS" haben zu dem Erfolg der ATS beigetragen. Die späteren Gesetzmäßigkeiten haben vor allem die Verknüpfung zwischen den traditionellen Märkten und den elektronischen Handelssystemen verbessert. Die alternativen Handelsplattformen mussten dabei Mitglied einer SRO werden.[423]

Die meisten ATS in den USA handeln als "broker-dealers". Bis zum Jahr 2000 gabt es nur zwei ATS, die formell die Anforderungen zur Registrierung als „exchange" erfüllen konnten. Im Juni 1999 Island und im März 2000 NexTrade haben sich zur Registrierung als „national securities exchange" beworben. Außerdem hatte anfangs im August 1999 Archipelago das gleiche Vorhaben, hat jedoch danach überlegt, ob es eine Einrichtung von Pacific Exchange werden soll.[424]

In Europa fand die Modernisierung der traditionellen Börsen früher als in den USA statt. Die europäischen Börsen sind typischerweise als Aktionssysteme organisiert, die Vermittlungscharakter des Handels implizieren. Die Liquiditätsäußerlichkeiten führen zu der Schlussfolgerung, dass es für die ATS in Europa schwieriger ist, ein erfolgreiches Geschäftsmodell zu entwickeln.[425]

In den USA stehen die NYSE und Nasdaq massiv unter Druck. Der Anteil der ATS am Handel mit Nasdaq-Aktien hat sich von 20 Prozent 1999 auf gut 50 Prozent erhöht. An der Spitze sind ArcaEx und das frühere Instinet, heutige INET. Im

[421] Vgl. Ludwig (2002), S.69 f.; SEC (2000a), S. 6
[422] Vgl. SEC (2000a), S. 6 f.
[423] Vgl. Degryse, Van Achter (2002), S. 2
[424] Vgl. CESR (2000, Fussnote 7), S. 9; SEC (2000, Fussnote 27), S. 25 f.
[425] Vgl. Degryse, Van Achter (2002), S. 2

Aktienhandel an der NYSE konnten die alternativen Handelssysteme etwa 20 Prozent abnehmen.[426] Im Vergleich wurde bei dem europäischen Aktienhandel 2002 nur 1 % über die ATS abgewickelt.[427]

Aktuell wurde festgestellt, dass während die Börsen den Aktienhandel immer noch dominieren, die ATS sowohl in den USA als auch in Europa sehr starke Positionen im Bondhandel besetzt haben. Beispielsweise finden 95 % des Bondhandels außerbörslich über elektronische Handelskanäle statt. Die restlichen 5 % sind nach Kundenwünschen maßgeschneiderte Geschäfte.[428]

Die Anzahl der Handelsplattformen, die den Handel in OTC-Derivate unterstützen wachsen ständig. Laut der Statistiken existieren 25 Plattformen in den USA und Europa, die den Handel mit Zinsswaps, Kreditswaps, Optionen, Futures und andere abgeleiteten Produkte ermöglichen. In dem Jahr 2003 gabt es nur 13 solche Systeme.[429]

Die Gesamtanzahl der Systeme im Jahr 2004, die elektronischer Handel mit festverzinslichen Wertpapieren und ähnliche Produkte unterstützen war 74 in den USA und Europa. Der Trend zeigt eine Verringerung der Systeme, die im Jahr 2003 77 und im Jahr 2002 81 waren. Ursachen dafür sind entweder die Konsolidierungen zwischen den Handelsplattformen oder der Auslauf von Liquidität bei einigen kleinen Systemen, die danach geschlossen wurden.[430] Eine Übersicht der Entwicklung der Anzahl der ATS über die Jahre und nach Marktsektoren zeigen die Tabellen 13 und 14. In der Tabelle 15 werden einige der Systeme in den USA und Europa kurz dargestellt.

5.2 Kategorisierung der ATS

Die alternativen Handelssysteme werden nach unterschiedlichen Kriterien durch unterschiedlichen Autoren und Organisationen unterteilt. Daher werden demnächst einige Kategorisierungen getrennt dargestellt, um unterschiedliche Betrachtungsweisen darzustellen.

426 Vgl. WirtschaftsWoche (2005), S. 1
427 Vgl. BaFIN (2002), S. 10
428 Vgl. Mühlberger (2004), S. 10
429 Vgl. bondmarkets.com (2004), S. 3
430 Vgl. ebenda, S. 5

Wie bereits erklärt wurde, beschäftigt sich die Marktmikrostrukturtheorie mit der Frage, wie Handelsregeln das Marktergebnis und somit die Effizienz von Finanzmärkten beeinflussen. Unter Markmikrostruktur wird dann die Ausgestaltung der Handelsregeln innerhalb eines Handelsplatzes (Börse oder ATS) verstanden. Dies führt zu der Schlussfolgerung, dass die ATS nach Marktmikrostrukturkriterien danach unterschieden werden, wie die Ausgestaltung ihrer Preisfeststellungs- und Abschlussphase und somit ihrer Handelsregeln sind.[431] Nach der Marktmikrostrukturtheorie werden die ATS in “dealer markets” (Market-Maker-Märkte) und “auction markets” (Order-Driven-Märkte) unterschieden. Ein Beispiel für „dealer market“ ist Nasdaq. Beispiele für „auction markets“ sind Euronext und Toronto Stock Exchange.[432]
Eine andere Gliederung der ATS nach der Preisfindung unterscheidet zwischen:[433]

- Kontinuierlicher Handel
    - Matchingsysteme (Instinet)
- Periodischer Handel
    - Exogener Referenzpreis
        - Crossing Networks (Posit)
    - Endogener Preisbildung
        - Single-Price Auctionsysteme (AZX)

Die ATS können nach der Preisfindungsmechnismus weiterverfeinert werden in:[434]

- Autarke Preisfeststellung (Xetra, Virt-X, CATS, XEOS)
- Orientierte Preisfeststellung (Nasdaq Europe, Quotrix)
- Gestützte Preisfeststellung (Jiway, MLX)
- Integrierte Preisfeststellung (Premax, Direct Trade)
- Referenzierte Preisfeststellung (Posit, E-Crossnet, Xetra XXL)

In Europa werden folgende ATS Formen unterschieden:[435]

- bulletin boards
- automated trade matching systems
- electronic communication networks

[431] Vgl. Mühlberger (2004), S. 2 f.
[432] Vgl. Degryse, Van Achter (2002), S. 7
[433] Vgl. Book (2001), S. 154; Gomber (2000), S. 69
[434] Vgl. Böhme (2004), S. 168 in Anlehnung an Röhrl (1996)
[435] Vgl. CESR (2000), S. 4

- proprietary trading systems (broker-run ATSs)
- broker-to-client automated linkages

Die Begriffsbestimmung der alternativen Handelssysteme bezeichnet sie als Multilaterale Systeme. Die Arten sind:[436]

- Limit order matching book
- Electronic periodic auction system
- Price-taking system/"crossing network"
- Quote screen
- Bulletin board, if execution takes place inside the system
- Multiple market makers

Die BSK hat im Jahr 2001 folgende Arten von ATS unterschieden:[437]

1. Wertpapierhandelssysteme (Handelssysteme mit Marktplatzfunktion)
    - Order-Driven-Systeme (US ECNs, Xetra, Instinet Deutschland)
    - Quote-Driven-Systeme (Quotrix, Nasdaq)
    - Crossing (price-taking) Systeme (Xetra XXI, ITG-Posit)
    - Active bulletin boards (IBIS)
    - Hybriden Systeme (Xetra)
2. Counterparty Systeme (bilateral trading systems)
    - Counterparty Systeme (TradeLink, Maxblue, XEOS)
    - Counterparty Systeme mit Marktmacher (CITICATS-OS)
    - Counterparty Systeme mit fixierten Regeln der Preisquotierung (Quotrix)

BaFIN in Deutschland gliedert die ATS in:[438]

- Bulletin Boards
- Crossing Systems
- Proprietary Trading Systems
- Electronic Communication Networks

SEC unterscheidet in der „Order Handling Rules" den Handelssystemen nach:[439]

---

[436] Vgl. CESR (2002), S. 20
[437] Vgl. BSK (2001), S. 3; CESR (2000), S. 5
[438] Vgl. Ludwig (2004), S. 422
[439] Vgl. Böhme (2004), S. 31; Ludwig (2004), S. 422; Pöll (2004), S. 2

1. Crossing Systems und
2. Electronic Communication Networks

DEGRYSE, VAN ACHTER fügen zudem die „smart order routing technology" (SORT) als eine Art von ATS hinzu.[440] Die SEC sowie die SSB unterscheiden zwischen verschiedenen Businessmodellen für ATS. Einige davon sind in Richtung eines „exchange" (Bsp. Tradepoint in Virt-X, Archipelago). Dies bedeutet, dass das ATS ein organisierter Markt wird. Ein anderes Modell ist ein normaler Händler (broker-dealer) an mehreren Börsen zu werden.[441] Dies kann durch das SORT ermöglicht werden, das die Ausführung an mehreren Plätzen ermöglicht (frühres Instinet, heutige INET ist Mitglied an 19 Börsen).[442]

Die Arten von Systemen können auch folgendermaßen gegliedert werden:[443]

- Auction Systems
- Cross-Matching Systems
- Interdealer Systems
- Multi-Dealer Systems
- Single-Dealer Systems

Die hybriden Systeme kombinieren die Funktionalitäten unterschiedlicher Arten von ATS. Beispiel dafür ist Xetra, die kontinuierliche Handelsauktionen, Elemente des Market Making und Crossing-Funktionalitäten anbietet.[444] Anderes hybride Modell in der Praxis ist ITG. Das System bietet ein ECN und ein Crossing Network. Außerdem wurden einige spezifische Aspekte der ATS, bereits in den traditionellen Börsen integriert (NYSE direct+ bietet ein Crossing Network).[445]

5.2.1 Auktionssysteme

Die Auktionsmärkte sind Order-Driven-Systeme (continuous electronic auction market). Sie werden in kontinuierlicher Handel und Auktionen (Single Price) unterteilt. Die Systeme auf kontinuierlicher Basis bringen die Markt- und Limit- Wertpapieraufträge der Käufer und Verkäufer zusammen. Dies geschieht in einem Order-

[440] Vgl. Degryse, Van Achter (2002), S: 8 f.
[441] Vgl. Degryse, Van Achter (2002), S: 9; SEC (2000a), S. 7; SEC (1998), S. 1
[442] Vgl. Mühlberger (2004), S. 4; Degryse, Van Achter (2002), S: 9
[443] Vgl. bondmarkets.com, (2004), S. 7 f.
[444] Vgl. BSK (2001), S. 6
[445] Vgl. Degryse, Van Achter (2002), S: 9

buch innerhalb des elektronischen Systems über den Systemoperator und durch die Anwendung festgelegter Regeln (generell in Bezug auf die Preis-Zeit Priorität). Das Resultat ist in Form eines unwiderruflichen Vertrags.[446] Bei diesem Handel werden komplementäre Aufräge sofort ausgeführt, was meist in so genannten Continuous Limit Order Books (CLOB) stattfindet.[447]

Bei dem Auktionshandel werden Käufer und Verkäufer von Wertpapiere zu bestimmten Zeitpunkten zusammengebracht. Der Prozess findet innerhalb des elektronischen Systems über den Systemoperator und im Rahmen von Auktionen, die „single-price" oder „multiple-price" sein können, durch die Einhaltung bestimmter Regeln statt (in Bezug auf den Preis, der zur maximalen Ausführungsvolumen führen muss). Am Ende resultiert ein unwiderruflicher Vertrag.[448] Die Zusammenführung der Aufträge geschieht über das Einheitskursverfahren (Call Auction), bei dem die Handelsaufträge nachdem sie gesammelt wurden, zu einem bestimmten Zeitpunkt und einem einheitlichen Kurs ausgeführt werden.[449]

Das vollelektronische Handelssystem Tradepoint Financial Networks Plc. (Tradepoint) mit Sitz in London bietet die Ausführung von Orders sowohl kontiuierlich als auch periodisch an. Über das System können UK-Aktien gehandelt werden, die auch an der LSE gelistet sind. Market Makers und Broker Dealer der LSE sowie institutionelle Investoren können direkt und anonym Transaktionen vornehmen. Die liquiden Handelsobjekte können kontinuierlich erworben und gehandelt werden. Die Aufträge werden automatisch ausgeführt sobald sich Kauf- und Verkaufslimite decken. Die weniger liquiden Wertpapiere werden entsprechend in einem periodischen Auktionshandel (Single Price Call Auction) gehandelt.[450]

5.2.2 Marktmachersysteme

Die Marktmachermärkte sind Quote-Driven-Systeme, die mehrere Market Makers haben. Der Wertpapierhandel erfolgt exklusiv über die mehrere Marktmacher pro Wertpapier. Die Transaktionen finden innerhalb des elektronischen Systems zu

[446] Vgl. Domowitz, Steil (2002), S. 315; BSK (2001), S. 4; Gomber (2000), S. 72
[447] Vgl. Mühlberger (2004), S: 3
[448] Vgl. bondmarkets.com (2004), S. 7; BSK (2001), S. 5
[449] Vgl. Mühlberger (2004), S: 3
[450] Vgl. Ludwig (2004), S. 422

dem von dem Market Maker festgelegten Preis und Menge und in Vereinbarung bestimmter Regeln statt. Am Ende wird ein unwiderruflicher Vertrag abgeschlossen.[451]

Diese notierungsgesteuerte Systeme (Quote-Driven-Systeme) bieten Geschäftsabschlusse zwischen Investoren und Marktmacher. Durch die fortlaufende und verbindliche Feststellung von Kauf- und Verkaufskurse für bestimmte Wertpapiere wird die jederzeitige und sofortige Handelbarkeit der Papiere garantiert.[452]

Die Marktmacher oder Marktmacher-ähnlichen Systeme wie Jiway, Knight und Nasdaq Europe konnten sich jedoch in Europa nicht etablieren. Grund dafür war, dass sie nicht genügend Liquidität anziehen konnten. Obwohl sie hoch modernisiert sind, problematisch war die abwartende Haltung der Market Maker. Bei den illiquiden Wertpapieren sind die Market-Maker-Systeme oft Vorstufen zu Order-Driven-Systemen.[453]

5.3 ATS in den USA

Die Technologie, die regulatorische Änderungen und die Globalisierung haben neue Wettbewerber auf die U.S. Wertpapiermärkte gebildet. Aufgrund der technologischen Entwicklungen haben die neuen Marktteilnehmer, die unter den Namen Alternative Trading Systems (ATS) bekannten sind, die traditionellen Börsen in die Enge gedrängt.[454] Das Handelsmodell der meisten ATS (Order-Driven-Handel) sorgt für den Erfolg der Plattformen und neben den Systemen Nasdaq Spermontage und NYSE Direct+ gewinnt immer mehr Anteile an den traditionellen Handelsplätzen.[455]

Dieser Erfolg der ATS in den USA zwingt die traditionellen Börsen sich ständig zu modernisieren indem sie automatische und elektronische Handelsplattformen aufbauen oder bestehende verbessern. Derzeit laufen nur 10 % bzw. 30 % des Aktienhandels an der NYSE bzw. Nasdaq über deren elektronische Handelsplattformen, wobei der zukünftige Trend eine Steigerung der Anteile auf über 50 %

---

[451] Vgl. BSK (2001), S. 5
[452] Vgl. Mühlberger (2004), S. 3
[453] Vgl. Mühlberger (2004), S. 9
[454] Vgl. Unger (2001), S.1; SEC (2000a), S. 3 f.
[455] Vgl. Mühlberger (2004), S. 1

vorsieht. Gleichzeitig verringert sich durch Konsolidierungen bei der ATS die Zahl dieser Systeme.[456] In dem Jahr 2003 gabt es fünf unabhängige elektronische Marktzentren für den Nasdaq Handel, von denen drei ECNs und zwei SROs. Die ECNs waren Island ECN („quoting“ und „printing“ an der NSX), Instinet ECN („quoting“ und „printing“ an der NASD'ADF) und BRUT ECN („quoting“ an der Nasdaq und „priting“ an der BSE), sowie Nasdaq und ArcaEx. Heute sind es nur ein ECN und zwei SROs. Island und Instinet ECNs hatten einen Zusammenschluss. Das neue ATS heißt INET und ist an der NSX tätig. Nasdaq hat das BRUT ECN erworben und die zweite SRO ist ArcaEx (Tabelle 16).[457]

Die Broker, Dealer, ECNs und Börsen haben viele automatisierte Systeme zum Handel mit NYSE Aktien und U.S. Optionen eingeführt. Einige hatten den erwarteten Erfolg errungen, andere wiederum wie z.B. Optimark scheiterten. Das Arizona Stock Exchange (AZX) hat viele, die glaubten, dass die Märkte von dem elektronischen Handel profitieren würden, enttäuscht. Instinet, Archipelago und Island ECN konnten trotz des großen Erfolgs gegen Nasdaq die erwartete an dem NYSE Anteile nicht erreichen. Das elektronische International Securities Exchange erreichte 16 % Anteile an dem U.S. Optionshandel innerhalb von 18 Monate seit dem Beginn im Jahr 2000, konnte aber den Parketthandel nicht verdrängen. Die erfolgreichsten elektronischen Wettbewerber zu NYSE waren „third market dealers“, wie Bernard L. Madoff Investment und Knight Capital Markets. Ihre automatischen Handelssysteme erlauben sehr schnelle Dienstleistungen für „retail traders“, die durch „discount brokers“ repräsentiert sind.[458]

In den USA wird das Wertpapierhandelsrecht neu geregelt. Damit ist die von der SEC vorgeschlagene Regulation National Market System (NMS) gemeint, die die Wettbewerbspositionen von Börsen und ATS stark verschieben kann. Die ATS können aus der angestrebten, fallweise Aufhebung der „Trade Through Rule“ Vorteile ziehen. Andererseits werden maximale Zugangsgebühren für Handelsplätze festgelegt und gleiche Zugangsbedingungen zu Kursangaben sichergestellt, das sich auch auf die Börsen positiv auswirken wird. Die endgültige

[456] Vgl. ebenda
[457] Vgl. Nasdaq (2005), S. 4
[458] Vgl. Harris (2003), S. 543 f.

Fassung der Regulation NMS wird den relativen Einfluss der einzelnen Marktteilnehmer reflektieren.[459]
Zu der Kategorien der ATS gehören auch einige „interest systems". Sie zeigen ohne konkrete Verpflichtungen die Handelsinteressen der Teilnehmer an. Beispiele dafür sind Thompson Financials Autex oder Bloombergs Iol-System.[460]

5.3.1 ECNs

Der Begriff Electronic Communication Network (ECN) wurde in den USA durch die SEC geprägt und gehört zu der Gruppe der Auktionsmärkte.[461]
Die ECNs sind laut Exchange Act Rule 11Ac1-1(a)(8) elektronische Handelssysteme, die automatisch Aufträge zusammenführen und zu bestimmten Preisen Handelsobjekte kaufen und verkaufen.[462] SEC definiert sie als: „with certain exceptions, as any electronic system that widely disseminates to third parties orders entered into the ECN by an exchange market maker or OTC market maker, and permits such orders to be executed against in whole or in part" [463]. Eine andere Beschreibung von ECN gibt Weston (2001), der darunter "electronic trading systems that allow investors to clear trades through an open limit order book. Rather than place orders with a specialist or dealer, traders on ECNs may anonymously submit orders and trade with each other directly" versteht.[464]
Laut „Order Handling Rule" von Januar 1997 die Zulassungsbedingungen der SEC für ECN sind:[465]

- kontinuierliche Verbreitung von Kursinformationen,
- automatische Zusammen- und Ausführung von Orders sowie
- ein Limit Book Management oder kontinuierliche Auktionen innerhalb des Systems

Die Regelungen durch SEC ermöglichen, dass sogar kleine Firmen Handelsplattformen betreiben können. Sie werden nicht als Börsen betrachtet sondern als

---

[459] Vgl. Mühlberger (2004), S. 6
[460] Vgl. Böhme (2004, Fussnote 69), S. 32
[461] Vgl. ebenda (2004), S. 3
[462] Vgl. SEC (2004a), S. 1, Hendershott (2003), S. 12; Beike u.a. (2000), S. 12; SEC (2000a), S. 5
[463] SEC (2000b), S. 6
[464] Vgl. Degryse, Van Achter (2002), S. 8
[465] Vgl. Böhme (2004, Fussnote 68), S. 31; Pöll (2004), S. 2; Gaa u.a. (2001), S. 69; Neubauer (2001), S. 104

„broker-dealer" im Sinne von Finanzdienstleistungsfirmen. Für die Registrierung müssen die Betreiber einige Formulare vorlegen, Veränderungen berichten, Inspektionen durch SEC gestatten, bestimmte Daten aufbewahren, den Schutz der vertraulichen Informationen der Teilnehmern sicherstellen und sich nicht als „Börse" nennen. Die SEC verlangt auch hinreichend Computer- und Netzwerkkapazitäten, Sicherheit und integrierten Standards.[466]

Noch eine wichtige Voraussetzung ist der Grundsatz der Best Price Execution. Damit ist gemeint, dass die besten im ECN vorliegenden Maklerauftäge an die Nasdaq weitergeleitet werden müssen. Dort werden die Orders öffentlich bekannt gegeben und gehandelt. Die ECNs erlauben über moderne „Frontends" Einblick in das Limit Orderbuch um sowohl die besten Preise als auch die Markttiefe transparenter zu machen. Dadurch kann auch die gesamte aktuelle Marktsituation besser dargestellt werden.[467] ECNs mit mehr als 5 % des Handelsvolumens irgendeines Wertpapiers muss alle „best-priced" Orders für dieses Wertpapier für das Publikum verfügbar und für „non-subscribers" zugänglich machen. Dies geschieht, indem die besten Geld- und Briefquotierungen in dem „Nasdaq Level II screen" eingegeben werden und für alle NASD Mitglieder zugänglich sind (Siehe Abbildung 5).[468] Die ECNs sind mit dem Nasdaq Computersystem verbunden, wobei alle Orders zuerst im ECN selbst gematcht werden. Diejenige die nicht ausfühbar sind, werden an den Nasdaq weitervermittelt und erscheinen im Level II Fenster als Bid oder Ask.[469] Die ECNs haben als „pools of liquidity feeding into existing markets" angefangen. Danach entwickelten sie sich zu alternativen Handelsplätzen in mehreren existierenden und auftauchenden Kapitalmärkten, wobei sie ein großer Anteil des Handels dort für sich erkämpfen konnten.[470] Während in dem Jahr 1994 das einzige bedeutende ECN das Instinet war, gabt es in dem Jahr 1999 bereits neun von der SEC bewilligten ECNs. Außer Instinet waren diese Systeme kleine „com-panies" mit Mitarbeiter zwischen 15 und 140 Leute. Im Jahr 2001 wurde mitgeteilt, dass 50 % aller Nasdaq-Transaktionen über ECNs abgewickelt wurden. Im Monat Juni

[466] Vgl. Schwarz-Schilling, Wahrenburg (2002), S. 6
[467] Vgl. Gaa u.a. (2001), S. 69; Neubauer (2001), S. 104 f.
[468] Vgl. Schwarz-Schilling, Wahrenburg (2002), S. 6
[469] Vgl. day-trading.de (2005), S. 1; Domowitz, Steil (2002), S. 316
[470] Vgl. Claessens u.a. (2001), S. 14

2002 alleine Instinet und Island waren für 15 % und 15,2 % des Handelsvolumens verantwortlich.[471] Abbildung 6 zeigt die aktuellen Marktanteile. Dieser Erfolg ist auch auf die neue Aktienkultur und den Boom im E-Brokerage-Markt zurückzuführen. Durch den kontinuierlichen Einsatz von neuen Technologien und das Internet für Ordereingabe und Order Routing wurden auch die Nischensegmente (z.B. Day-Trading, nachbörslicher Handel, Basket Trading) von den ECNs besetzt.[472]

Ein ECN ist ein Kommunikationsnetzwerk, der zum Matchen von Orders entworfen wurde.[473] Die Netzwerke sind Handelssysteme, die einer Börse ähnlichen Leistungen anbieten. Diese Systeme haben von keiner Aufsichtsbehörde genehmigte Börsenordnung, sonder gestalten selbst die allgemeinen Geschäftsbedingungen und die privatrechtlichen Verträge mit ihren Kunden.[474] Die meisten ECNs haben ein „limit order book" Struktur.[475] Die institutionellen Investoren, Broker-Dealers und Marktmacher können direkt mit den ECNs handeln, während private Anleger ein Konto bei einem Broker-Dealer haben müssen, damit deren Aufträge an die ECNs weitergeleitet werden. Wenn ein Marktteilnehmer Wertpapiere kaufen oder verkaufen möchte, gibt er limitierte Aufträge ein, die von alle ECN Nutzern gesehen werden können. Das System versucht dann automatisch die Orders auszuführen und sobald zwei Orders matchen, wird ein Geschäftsabschluss erzielt und dem Quotierungssystem mitgeteilt.[476]

Eine typische Eigenschaft der Systeme ist, dass die Broker in den Kommunikationsnetzwerken nur auf „agency basis" interagieren. Die ECNs erlauben den Händlern „priced trades" oder „limit orders" zu unterbreiten und daher haben die Plattformen das Potential zu der Preisfindung beizutragen. Die meisten ECNs garantieren Vor- und Nachhandelsanonymität.[477] Dies geschieht indem nur den Preis und Größe des Ordes in dem Orderbuch angezeigt werden.[478] Bei den ECNs werden die Kursinformationen dauernd verarbeitet. Die Auktionen erfolgen kontinu-

---

[471] Vgl. Schwarz-Schilling, Wahrenburg (2002), S. 6
[472] Vgl. Neubauer (2001), S. 104
[473] Vgl. Benhamou, Serval (1999), S. 2
[474] Vgl. Fischer, Kunz (2001), S. 760; Neubauer (2001), S. 104
[475] Vgl. Hendershott (2003), S. 12
[476] Vgl. SEC (2004a), S. 1, Beike u.a. (2000), S. 12; SEC (2000a), S. 5; Benhamou, Serval (1999), S. 2
[477] Vgl. Degryse, Van Achter (2002), S. 8
[478] Vgl. Hendershott (2003), S. 12

ierlich, wobei die Geschäfte automatisch gematcht und ausgeführt werden.[479] Dies hat zur niedrigeren Handelskosten geführt. Die ECNs erlauben auch schnellere Ausführung der Geschäfte.[480]

Während die „subscribers“ Zugang über direkte Verbindungen zu den ECNs haben, können sich alle Nasdaq Marktteilnehmer über „SuperMontage“, die das „SelectNet“ ersetzt hat, mit den ECNs verbinden.[481]

In den meisten Fällen bleiben Käufer und Verkäufer anonym. Die Teilnehmer können Verhandlungs- oder Reservegrösse bestimmen, sowie in das gesamte ECN buch reinschauen um wichtige zeitechte Informationen hinsichtlich der Markttiefe zu erhalten.[482]

Durch eine Kooperation zwischen unterschiedlichen ECNs können die Nutzer auch die Order-Bücher der Kooperationspartner einsehen. Sobald eine Order nicht systemimmanent ausgeführt werden kann, wird diese entweder über Schnittstellen zur Nasdaq als Quote (Preis oder Menge) an andere Marktakteure weitergeleitet oder in dem Orderbuch der Kooperationspartner eingestellt. Damit die eigene Liquidität nicht eingeschränkt wird, geschieht dies nur innerhalb einiger Minuten. Kann der Handel nicht abgeschlossen werden, kehrt dann der Auftrag ins eigene Orderbuch zurück.[483]

Anders als die traditionellen Börsen, verwenden die ECNs immer mehr leistungsfähigere und kosteneffizientere IT-Systeme, die kundenfreundlicher sind und zudem komplexe Handelsstrategien durch das Computersystem automatisch simulieren. Speziell für die private Kunden ist der einfache Eingang via Online Broker und Internet sehr attraktiv. Die Systemnutzer werden auch durch spezielle Softwaresysteme, die ein strategisches Ordermanagement bieten unterstützt. Speziell für die institutionellen Investoren gibt es Instrumente wie Basket-Handel oder Entscheidungsunterstützungskomponenten.[484]

Das Wachstum der ECNs wurde auch durch die Entwicklung standardisierter Übertragungsprotokolle stark positiv beeinflusst. Das FIX-Protokoll (Financial

---

[479] Vgl. Pöll (2004), S. 2
[480] Vgl. Mühlberger (2004), S. 4; Hendershott (2003), S. 12
[481] Vgl. Schwarz-Schilling, Wahrenburg (2002), S. 7; SEC (2002), S. 4
[482] Vgl. SEC (2000a), S. 5
[483] Vgl. Neubauer (2001), S. 105; SEC (2000c), S. 1
[484] Vgl. Neubaue (2001), S: 106

Information Exchange) unterstützt inzwischen bei fast allen ECNs die Übertragung von Transaktionsdaten untereinander und zu den Kunden.[485] Das Protokoll vermindert zudem das Risiko der Marktfragmentierung und ermöglicht die indirekte Vernetzung eigenständiger Märkte.[486]

Die objektiven Nachteile der ECNs sind die Zersplitterung der Liquidität, eine teilweise unzureichende Handelsüberwachung und instabile IT-Plattformen.[487]

Bei den ECNs wird zwischen Hit-or-Take-Systems und Auction-Based-Systems unterscheiden. Die Übertragung einer Kundenorder erfolgt entweder über ein spezielles Terminal (Anschluss an bestehende Systeme) oder über das Internet.[488]

Nicht zu den ECNs gehören die Crossing-Systeme (wie ITG Posti), die "Broker-dealer internal order routing systems" und die Market-Maker-Systeme, die Kundenorder aus eigenem Bestand bedienen.[489]

Der neue Trend bei den ECNs, der durch die Regulation NMS verursacht wurde, ist der Zusammenschluss des ECN mit einer regionalen Börse um sich als Börse registrieren zu lassen. Gründe dafür sind Einnahmequellen wie Listing-, Transaktions- und Marktdatengebühren. Beispiel dafür ist die Übernahme des Aktienhandels der Pacific Stock Exchange durch Archipelago und Entstehung von ArcaEx. Weiter will INET die National Stock Exchange übernehmen.[490]

5.3.1.1 Hit-or-Take-Systems

Bei dem „Hit-and-Take-Prinzip" findet zuerst eine Sammlung von An- und Verkaufsgebote und anschließend werden diese allen Marktteilnehmer angezeigt. Dadurch können die Akteure Angebote annehmen, Verhandlungen durchführen und innerhalb des Systems Geschäfte abschliessen. Wichtiges Merkmal dieser Systeme ist, dass die Wertpapieraufträge nicht automatisch abgeglichen werden.[491]

Diese Handelsplattformen führen die Orders in einem Order-Driven-System auf der Basis kontinuierlicher Auktionen zusammen. Die Struktur der ECN ist ein elektroni-

---

[485] Vgl. Barnes (2004), S. 143; Neubauer (2001), S. 106
[486] Vgl. Mühlberger (2004), S. 11
[487] Vgl. Neubauer (2001), S: 104
[488] Vgl. Ludwig (2003), S. 74
[489] Vgl. Ludwig (2002), S. 74; Neubauer (2001), S. 105
[490] Vgl. Mühlberger (2004), S. 7 f.
[491] Vgl. Mühlberger (2004), S. 3; Gomber (2000, Fussnote 49), S. 31

sches Netzwerk von Market Makers, Broker Dealers und institutionellen Anlegern. Die Transaktionen werden anonym in dem System ausgeführt. Die Quotierungen der Kauf- und Verkaufsorder werden durch die Computerbildschirme gezeigt und jeder Teilnehmer kann durch Anklicken das gewünschte Geschäft abschliessen.[492] Ein Beispiel solcher Systeme ist die frühere Instinet und heute INET. Die Handelsplattform ist schnell, anonym, zuverlässig und kosteneffizient. Sie wurde für hochgeschwindigen und hochvolumigen elektronischen Handel modelliert. Der Handel kann direkt mit liquiden Börsen, ECNs, crossing networks, broker-dealers und institutionellen Investoren stattfinden. Die INET bewährt Neutralität bei der Vertretung der Kundeninteressen und übt keine Geschäftsaktivitäten, wie „investment banking“ oder „proprietary trading“, die zur Interessenkonflikten führen können, aus.[493]

Der Name der Systeme ist aus der englischen Fachterminologie entstanden. Mit “to hit the bid” ist die Aufforderung eines Market-Makers einen Titel aufgrund eines Kaufangebots zu liefern, verbunden. Mit “taking the Offer” ist andererseits die Akzeptanz eines Verkaufsangebots gemeint.[494]

Hauptsächlich Broker-Dealer bieten und betreiben die Systeme an. Die Handelsplattformen führen dann die gematchten Orders aus. Die beteiligten Handelspartner und das Clearinghaus werden dann von dem ausführenden Broker-Dealer über Preis und Volumen der ausgeführten Transaktionen benachrichtigt. Die Verhandlungsmechanismen der Systeme gestalten sie auch als interaktive Systeme, weil sie den Bedürfnissen von sogenannten „active traders“ entsprechen können.[495]

5.3.1.2 Auction-Based-Systems

Diese auktionsbasierte Systeme sammeln unterschiedlichen Orders in einem Orderbuch und zu einem im Voraus bestimmten Zeitpunkt vergleichen die Kauf- und Verkaufsangebote. Die Preisbestimmung erfolgt automatisch. Das Prinzip ist eine automatisierte Preisfeststellung nach dem Einheitskursprinzip (analog der

[492] Vgl. Ludwig (2002), S. 75
[493] Vgl. INET (2005), S. 1; Instinet (2003), S. 1; Ludwig (2002), S: 75
[494] Vgl. Ludwig (2002), S. 75 f.
[495] Vgl. Ludwig (2002), S. 76

FWB, siehe Abbildung 7). Schwachpunkt ist jedoch die fehlende Ausgleichsfunktion, die sonst ein effizientes Matching ermöglichen wird.[496]

Ein Beispiel für einen elektronischen call-market (automated batch trading system) für institutionelle Anleger ist die Arizona Stock Exchange. Alle Kauf- und Verkaufsangebote werden innerhalb einer Zeitperiode aufbewahrt und anschließend alle Transaktionen innerhalb einer Auktion zu einem bestimmten Preis durchgeführt. Die einmalige Preisfeststellung (single price auctions oder dutch auctions) erfolgt unter Berücksichtigung möglichst vieler Teilnehmer. Eine andere Funktionsvariante dieser Systeme ist das „one sided auctions". Der Preis wird mithilfe eines Algorithmus festgestellt und dann werden diejenige Orders ausgeführt, die ein Limit unter diesem Preis haben. Bei CBOT dagegen werden zwei Orders, sobald sie komplementär sind, automatsich zusammengeführt.[497]

5.3.1.3 ITS

Nach einem Vorschlag von Nasdaq haben die ECNs die Wahl als ITS/CAES Marktmacher zu agieren. Sie werden als „ITS/CAES Market Maker" und „CQS Market Maker" definiert. Die Systeme, die dieser Möglichkeit wahrnehmen, werden angefordert zweiseitige Quotierungen aufzustellen. Der Preis und Große dieser Quotierungen müssen dabei fest sein. Die ECNs werden in CAES zu den gleichen Bedingungen wie die andere ITS/CAES Marktmacher beteiligt sein.[498] Das ITS ist ein elektronisches Order-Routing-System, dass den Zwischenmarkthandel von börsennotierten Wertpapieren unterstützt, indem ein Broker-Dealer von einem Marktzentrum eine Order zu einem anderen Marktzentrum schicken kann, und das gleiche Wertpapier zum besseren Preis handeln kann. Durch die ITS/CAES Verbindung können die Aufträge statt zu einem Börsenparkett zu einem OTC Markt zur Ausführung geschickt werden und umgekehrt. Die Verbindung der ATS und ECNs zum ITS durch deren Registrierung als ITS/CAES Marktmacher beinhaltet auch, dass die ECN Quoten der notierten Aktien in den konsolidierten Quotierungssystem für aufgelisteten Aktien aufgenommen werden. Dadurch werden die

---

[496] Vgl. Ludwig (2004), S. 422
[497] Vgl. Ludwig (2002), S. 76 f.
[498] Vgl. SEC (2000b), S. 2

veröffentlichen Preisen verbessert und der Investoren die Möglichkeit zur besseren Auftragsausführung erlaubt.[499]

5.3.2 Crossing-/Matching-Systems

Nach SEC ist ein Crossing System: „one that allows participants to enter unpriced orders to buy and sell securities. Orders are crossed at specified times at a price derived from another market“[500].Die "crossing networks" nach SEC sind "systems that cross multiple orders at a single price and that do not allow orders to be crossed or executed outside of the specified times"[501]. Abbildung 8 zeigt wie das Handelsmodell von Crossing Systems aussieht.

Definition von SEC für die Matching Systeme charakterisiert diese als Systeme, die "allow participants to enter priced limit orders and match those orders with other orders in the system. Participants are able to view unmatched limit orders in the system's book. The sponsor of a matching system typically acts as riskless principal or a dealer firm on behalf of the system acts as riskless principal, with respect to matched orders, or contracts with another broker-dealer to perform this function“[502].

Die Cross-/Matching Systeme bringen Händler und institutionellen Investoren in elektronischen Handelsnetzwerken zusammen. Dabei ermöglichen die Netzwerke „real-time“ oder periodischen „cross-matching“ Zusammenführung von Orders. Die Kunden können anonym mit mehreren Gegenseiten Kauf- und Verkaufsaufträge abschliessen. Die Aufträge werden automatisch ausgeführt sobald eine Gegenpartie den gleichen Preis abgibt, oder die angezeigten Preise „hit“ oder „lifted“ sind. In manchen Fällen können die Kunden eine Verhandlungssitzung vornehmen um die Geschäftsbedingungen festzulegen.[503] Typisch für die Systeme ist, dass keine Intermediation von Banken oder Broker stattfindet.[504] Im Gegensatz zu der Börsen oder anderen ATS handeln die meisten Crossing Systeme nur zu bestimmten Zeitpunkten. Die Händler geben dabei Kauf- und Verkaufsaufträge, die nicht

---

[499] Vgl. SEC (2000a), S. 9 f.
[500] Vgl. Hendershott, Mendelson (2000, Fussnote 1), S. 2072; SEC (1998, Fussnote 37), S. 315
[501] Vgl. Degryse, Van Achter (2002), S. 8; SEC (2000a), S. 6
[502] SEC (1998, Fussnote 38), S. 315
[503] Vgl. bondmarkets.com (2004), S. 7; Gaa u.a. (2001), S. 51; Joys (2001), S. 16
[504] Vgl. Pöll (2004), S. 2; Hendershott, Mendelson (2000), S. 2072 und 2075

bewertet worden sind. Daher unterstützen diese Systeme die Preisfindung nicht. Es gibt auch Crossing Systeme, die Auktionsprozeduren benutzten. Sie sind der „batch auctions" an den traditionellen Börsen ähnlich. Grundprinzip ist das Matchen von Käufer- und Verkäuferaufträge zum gleichen Preis, mit dem Ziel die gematschten Volumen zu maximieren. Eine Ausnahme ist Jiway, die den Händler die Möglichkeit gibt auf eigener Rechnung als „dual capacity traders" zu handeln.[505] Die meisten Systeme benutzen bei ihrer Preisfeststellung Daten aus anderen Märkten um komplementäre Orders zu einem im Voraus bestimmten Referenzpreis auszuführen. Ein eigener, systeminterner Preisbestimmungsmechanismus wie Orderbuch existiert nicht.[506] Der Preis wird entweder als Mittelwert aus dem jeweils höchsten Kauf- und niedrigsten Verkaufsangebot gebildet, aus den Schlussnotierungen oder aus dem durchschnittlichen volumengewichteten Preis über die gleiche Periode, von anderen Börsen übernommen.[507]

Die Geschäfte werden vorwiegend zu Mittelwerten aus dem Geld-Brief-Spanne auf den primären Märkten abgeschlossen.[508] Diese externe Preisfindung wird "passively priced" oder "parasite pricing" genannt und führt zu keinem „market impact" oder adverse Preiseffekte. Dadurch können die Transaktionskosten insgesamt gesenkt werden. Schwachpunkt ist jedoch, das diese Systeme keine Ausführung garantieren, so dass bei den Kosten auch Timing- und Opportunitätskosten zu berücksichtigen sind. Die Handelsplattformen garantieren den Teilnehmern Anonymität um „free riding" Effekte aufgrund der Orderinformationen zu vermeiden.[509]

Die Systeme werden benutzt um ganze Wertpapierkörbe zu verwalten indem die Portefeuilles an den Entwicklungen der Indices oder des Marktes partizipieren. Außerdem sind hier reduzierte Transaktionskosten zu erwarten, weil der Preis im Voraus bekannt ist und unabhängig von der Transaktionsgröße.[510] Die Crossing Systeme ermöglichen die Ausführung von komplexen Handelsstrategien, die die Platzierung mehrerer Orders für unterschiedliche Wertpapiere beinhalten.[511]

---

505 Vgl. Degryse, Van Achter (2002), S. 8
506 Vgl. Pöll (2004), S. 2; Ludwig (2002), S. 78 f.; Neubauer (2001), S: 105
507 Vgl. Ludwig (2004), S. 422; Neubauer (2001), S: 105; Hendershott, Mendelson (2000), S. 2075 f.
508 Vgl. Degryse, Van Achter (2002), S. 8
509 Vgl. Ludwig (2004), S. 422; Neubauer (2001), S: 105; Gomber (2000), S. 71
510 Vgl. Ludwig (2004), S. 422
511 Vgl. Gaa u.a. (2001), S. 51

Vorteilhaft bei den Systemen ist, dass sie das „market impact" minimieren. Die Tatsache, dass die Orders nicht unbedingt ausgeführt werden, führt zu einem Ausführungsrisiko und zu einem Überfluss an Angebot oder Nachfrage.[512] Ausser der positiven Effekte (Liquidität) weisen die Crossing Netzwerke auch negative (Crowding) auf.[513] Die reinen Crossing Systeme erfüllen die Auflagen der SEC nicht, weil die Kursinformationen nicht kontinuierlich verbreitet werden.[514]

5.3.3 Automated-Internal Systems

Diese Systeme dienen zur automatischen Ausführung der Orders von Privatanlegern. Sie unterstützen die Market-Makers und garantieren der günstigste Bid-Ask-Preis innerhalb z.B. des Nasdaq-Systems. Die Transaktionsvolumen sind in der Regel klein.[515]

5.3.4 Dealer Systems

Die Dealer Systeme geben den Kunden die Möglichkeit Transaktionen mit einem oder mehreren Händler auszuführen, jedoch nicht zwischen einander. Sie sind eine modernisierte Version der alten, dezentralisierten, telefonbasierten Systeme. Es gibt drei Varianten:[516]

Die erste Art sind die „single-dealer" Systeme. Sie werden durch einen Hauptdealer oder Investmentbank betrieben und erlauben der Investoren direkt mit einem von ihnen gewählten Händler zu handeln, der die Rolle eines Prinicipal für alle Geschäfte übernimmt. Die Kunden können den Händler durch sein proprietärer Netzwerk, über „third-party providers" oder zunehmend übers Internet kontaktieren und Preisquotierungen bekommen. Der Handel findet statt, sobald die Quotierungen als akzeptablen erscheinen. Die Systeme werden vorwiegend vom großen Händler in dem Bereich der festverzinslichen Instrumente und vor allem in den USA benutzt.[517]

---

[512] Vgl. Degryse, Van Achter (2002), S. 8; Gomber (2000), S. 71
[513] Vgl. Hendershott, Mendelson (2000), S. 2071 und 2073
[514] Vgl. Böhme (2004), S. 31; Ludwig (2002), S. 80; Neubauer (2001), S: 105
[515] Vgl. Ludwig (2002), S. 80
[516] Vgl. bondmarkets.com (2004), S. 8; Gaa u.a. (2001), S. 51 f.
[517] Vgl. bondmarkets.com (2004), S. 8; Gaa u.a (2001), S. 51 f.; Joys (2001), S. 15

Die zweite Art sind die „multi-dealer“ Systeme, die von einem Konsortium von Dealer betrieben werden. Sie erlauben den simultanen Handel mit zwei oder mehreren Händler und eine Auswahl zwischen den unterschiedlichen Offerten. Manche Systeme zeigen das beste Angebot oder Nachfrage zwischen allen Händler für bestimmte Wertpapiere. Die Systeme erlauben den Investoren Informationen in Bezug auf eine bestimmte Aktie, oder eine Wertpapierart von einem oder mehreren Händler abzufragen. Die Systeme werden benutzt für den Handel von festverzinslichen U.S. Wertpapiere und europäische Bundesanleihen.[518]
Die letzte Art sind die „interdealer“ Systeme. Sie beschränken den Zugang nur für Händlergemeinden. Die Händler können die Transaktionen elektronisch, anonym und durch „interdealer brokers“ mit anderen Händlern vornehmen.[519]

5.3.5 SORT

Eine Art von ATS ist das „smart order routing technology“ (SORT). Diese sind Systeme, die von unterschiedlichen Marktteilnehmern entwickelt wurden und werden benutzt um Aufträge zu den zentralisierten Märkten zu leiten. Das Handelskriterium dabei ist das Suchen zur Ermöglichung von „best execution“ für den Kunden. Diese Ausführung kann auf einer traditionellen Börse oder ECN sein. Wichtig dabei sind Preisverbesserung oder Ausführungsgeschwindigkeit. Die ECNs bieten auch sehr oft das SORT.[520]

5.4 ATS in Europa

Die Entwicklungen in der IuKT haben auch den europäischen Wertpapierhandel grundlegend verändert. Die Handelsmodelle wie Parketthandel oder Telefonnetzwerke werden zunehmend durch ein allgegenwärtiges Computernetz ersetzt. Die Transaktionen in dem neuen Geschäftsmodell laufen über elektronische Handelsplattformen der Börsen und Alternative Handelssysteme (ATS).[521]

---

[518] Vgl. bondmarkets.com (2004), S. 8; Gaa u.a. (2001), S. 51 f.; Joys (2001), S. 15 f.
[519] Vgl. bondmarkets.com (2004), S. 7; Gaa u.a. (2001), S. 52; Joys (2001), S. 16
[520] Vgl. Degryse, Van Achter (2002), S. 8 f.
[521] Vgl. Mühlberger (2004), S. 1; CESR (2000), S. 3

Die steigende Anzahl der ATS in Europa wurde durch die Liberalisierung des regulatorische Umfelds und den starken Boom des Online-Aktienhandels der späten neunziger getrieben. Die Systemanbieter konkurrieren mit innovativen Geschäftsmodellen sowohl um Kernsegmente als auch um Nischen in den Finanzmärkten.[522] Die Anzahl der Systeme in Europa stieg zwischen 1997 und 2000 von 3 auf knapp 30.[523] In dem Jahr 2002 gabt es alleine im Vereinten Königsreich 29 Institute, die unter der ATS-Definition fallen. Weitere Systeme wurden auch in Deutschland, Italien, Frankreich und anderen Ländern registriert.[524] Die aktuellen ATS in Europa können aus der Tabelle 17 entnommen werden.

Dennoch sind die alternativen Handelssysteme in Europa kein signifikantes Phänomen wie in den USA, weil die europäischen traditionellen Börsen bereits in den achtziger und den neunziger mit der Modernisierung angefangen haben. Diese Entwicklung hat weniger Möglichkeiten der ATS zur Ausbeutung hinterlassen.[525] In dem europäischen Aktienhandel werden sehr oft Nischenstrategien von den ATS benutzt, die zu Erfolge führen.[526] Beispielsweise haben sie in den einzelnen Segmenten des Bondhandels bereits Marktanteile bis zu 70 % des Umsatzes erreicht. Wichtige Vorraussetzungen dafür sind jedoch ein hoher Standardisierungsgrad und ausreichende Liquidität. Nur dadurch kann sichergestellt werden, dass der elektronische Handel festverzinslicher Produkte auch funktioniert.[527]

Laut FESE wurden im Juni 2004 9 % des Bondhandels und 65 % des Aktienhandels europäischer Börsen rein elektronisch ausgeführt. Die Transaktionsdienstleistungen wurden von den alternativen Handelssysteme und der elektronischen Handelsplattformen von Börsen (wie Xetra der Deutschen Börse AG, SETS der London Stock Exchange (LSE) und NCS der Euronext Paris) ermöglicht.[528]

Die aktuelle Landschaft des Wertpapierhandels in Europa kann aus dem Bild 9 entnommen werden.[529] Eine kurze Übersicht gibt die Abbildung 10, die Bulletin

---

522 Vgl. Böhme (2004), S. 1
523 Vgl. ebenda (2004, Fussnote 6)
524 Vgl. BaFIN (2002), S. 116
525 Vgl. Ludwig (2004), S. 425; CESR (2000), S. 6
526 Vgl. Ludwig (2004), S. 425; Mühlberger (2004), S.1
527 Vgl. Mühlberger (2004), S.1
528 Vgl. Mühlberger (2004), S. 2
529 Vgl. FESE (2005), S. 1

Boards, Crossing Systeme, Markt Maker Systeme und Order-Driven-Märkte beinhaltet.[530]

Die Systeme erlauben den Handel mit einer Reihe von Vermögenswertkategorien. Vor allem Anleihen und Devisenswaps.[531]

Nach den Erfahrungen im Vereinten Königsreich wird nach der Entwicklungsphase der Systeme eine Konsolidierungsphase erwartet.[532]

5.4.1 Bulletin-Boards

Darunter sind Inseratsysteme zu verstehen, die einen Informationsübermittlungscharakter besitzen, indem sie Angebote von Marktteilnehmern öffentlich bekannt geben. Durch dieses elektronische schwarze Brett können Direktgeschäfte abgeschlossen werden.[533] Die Bulletin Boards sind auch als Indication-of-Interests-Systems (IoI) bekannt.[534]

Es werden drei Arten von Bulletin-Boards unterschieden.[535]

1. Passive Bulletin Boards ,keine ATS, sondern Inseratsysteme
2. Aktive Bulletin Boards (1.Varainte) (Bsp. Bloomberg)
3. Aktive Bulletin Boards (2. Variante) (Bsp. Webstock)

Die passiven Bulletin Boards bieten wie in einer Zeitung Informationen über Kauf- und Verkaufsangeboten von Finanzinstrumenten an. Die Durchführung des Geschäfts findet außerhalb des Systems statt. Sie sind keine ATS, sondern nur Inseratsysteme.[536]

Bei den aktiven Bulletin-Boards (1. Variante) sind die Informations- und Kommunikationsdaten der Verkaufsinteressenten vorhanden und bei dem Betreiber des Bulletin-Boards abfragbar. Das Geschäft kann hier nur unter Einbeziehung des Systems zustande kommen, weil die Kontaktinformationen des Anbieters vorerst systemintern mitgeteilt werden sollen. Die Informationen können die Kontaktadresse oder Identität des Kontrahenten, die Vertragsmöglichkeiten oder der Vertrags-

---

530 Vgl. Mühlberger (2004), S. 3
531 Vgl. BaFIN (2002), S. 116
532 Vgl. ebenda
533 Vgl. Böhme (2004), S. 32 f.; Ludwig (2004), S. 422; Pöll (2004), S. 2; BAKred (1999), S. 65
534 Vgl. Böhme (2004, Fussnote 75), S. 33
535 Vgl. Ludwig (2004), S. 423; BAKred (1999), S. 65
536 Vgl. Böhme (2004, Fussnote 75), S. 33; Ludwig (2002), S. 90 ff.

gegenstand sein. Die Durchführung des Handels findet jedoch außerhalb des Systems. Beispiel für ein Bulletin Board ist die Bloomberg L. P. mit Sitz in Frankfurt/Main, die ein elektronisches Handelssystem anbietet.[537]

Im Vergleich zu den passiven Bulletin Boards üben die aktiven Bulletin-Boards (1. Variante) auch Anlage- bzw. Nachweisvermittlung aus. Darunter sind die Vermittlung von Geschäften sowie der Nachweis zum Abschluss eines Geschäftes über die Anschaffung und den Verkauf von Finanzinstrumenten.[538]

Die Benutzung der aktiven Bulletin-Boards (2. Variante) bedarf eine Registrierung ehe ein Kunde Kauf- oder Verkaufsangebote einstellen kann. Sobald ein Geschäft durchgeführt werden soll übernimmt das System die gesamte weitere Informationsübermittlung. Dabei vertritt der Systembetreiber beide Parteien und übt eine Abschlussvermittlungstätigkeit als Stellvertreter aus. Ein Beispiel eines solchen Systems ist die Webstock AG.[539]

Es werden auch teilaktive Systeme unterschieden, die eine Kombination aus passive und aktive Bulletin Boards darstellen.[540]

Bulletin Boards geben den Investoren die Möglichkeit ihre Gebote zu veröffentlichen und Verhandlungen zu führen, ohne dass dabei der Handelsabschluss unterstützt wird.[541]

5.4.2 ECNs

Anders als in den USA haben die Börsen in Europa relativ früh erkannt, dass die modernen elektronischen Handelsplattformen zukunftsnotwendig sind. Dies verhindert die ECNs in Europa an die gleichen Stellen wie in den USA Liquidität abzuschöpfen. Deswegen versuchen sie durch Nischenstrategien beträchtliche Anteile des Ordervolumens zu erkämpfen.[542]

Die Begriffsbestimmung von ECNs in Europa unterscheidet sich deutlich von der US-Definition. Die europäische ECNs sind moderne Kommunikationsnetzwerke, die den Intermediären und den Emittenten von Finanzinstrumenten (Emissions-

---

[537] Vgl. Ludwig (2004), S. 422
[538] Vgl. Ludwig (2002), S. 90 ff.
[539] Vgl. Böhme (2004, Fussnote 75), S. 33; Ludwig (2002), S. 90 ff.; BAKred (1999), S. 66
[540] Vgl. Böhme (2004, Fussnote 75), S. 33
[541] Vgl. Mühlberger (2004), S. 3
[542] Vgl. Neubauer (2001), S. 106

haus) eine Verbindung über den Computer ermöglichen. Mithilfe von Wertpapier-Kennnummer (WKN) oder neu das International Securities Identification Nummber (ISIN) wird genau bestimmt um welche Produkte es sich handelt sowie wer der Emittent ist. Das Emissionshaus ist bei allen Geschäften der Kontrahent und kann mit den Finanzintermediären handeln.[543] Der Handel findet nicht an einem Marktplatz zwischen verschiedenen Teilnehmern, sondern ist er mehr mit dem Einkauf in einem Laden zu vergleichen. Dabei tritt das Emissionshaus als Zwangskontrahent bei jeder Transaktion auf.[544] Ein ECN dient der gezielten Übermittlung von Willenserklärungen zwischen bestimmten Systembenutzer, die vor der Nutzung in Kontakt standen.[545]

Anhand von Rahmenverträge über die Benutzung des Systems und die Geschäftsbeziehungen werden Intermediär, Emittent und Systembetreiber miteinander verbunden. Sobald ein Intermediär an etwas Bestimmtes interessiert ist, fragt er dann bei den Emittenten nach Informationen über Menge und Preise für eine bestimmte Stückzahl eines Wertpapiers nach. Das System leitet diese Nachfrage weiter und je nach Volumen kann die Quotierung entweder von einem Händler oder direkt vom System anhand einer vorgegebenen Quoten-Liste gestellt werden. Das vom Emittent abgegebene Angebot ist unverbindlich und kann vom Intermediär neu verhandelt werden.[546]

Eine andere Möglichkeit ist, wenn der Emittent die Abgabe von Willenserklärungen auf das System verlagert, so dass dann das System anhand von vorgegebenen Listen über die Wertpapiere, Stückzahl und Preise, über die Geschäftsabschlüsse selbst entscheidet. So kann das System selbst die Preise in Bezug auf eine bestimmte Stückzahl bilden und Angebote annehmen.[547]

Die ECNs können als "ein komfortables Kommunikationssystem mit Dokumentationsfunktion und ggf. „Back-Office-Gateway“ für das anschließend außerhalb des Systems stattfindende Settlement betrachtet werden, sobald die für den Vertragsschluss notwendigen Willenserklärungen (Angebot/Annahme) direkt von den

---

[543] Vgl. Böhme (2004), S. 33; Ludwig (2004), S. 423
[544] Vgl. Ludwig (2004), S. 423
[545] Vgl. ebenda, S. 424
[546] Vgl. ebenda, S. 423 f.
[547] Vgl. Ludwig (2002), S. 94 f.

Gegenparteien (Intermediär/Emittent) über das System abgegeben werden. In diesem Falle übt der Systembetreiber keine Finanzdienstleistung aus. Beispiele für solche Systeme sind XEOS, vwd Tradelink, CitiCats-OS, Citibank oder Eurex Bonds GmbH, Deutsche Börse. Seit Januar 2003 wird von der Deutsche Bank einen außerbörslichen Wertpapierhandel über das System db PIP (Price Improvement Platform) ermöglicht.[548]

5.4.3 Proprietary-Trading-Systems (PTS)

Die Proprietary-Trading-Systems sind in ihrer Bestimmung der amerikanischen ECNs ähnlich. Der Wertpapierhandel findet zwischen professionellen Handelsteilnehmern nach festgelegten Regeln im Rahmen der elektronischen Handelssysteme statt, wobei die Marktteilnehmer anonym bleiben. Der Systembetreiber kann die Rolle der Käufer oder Verkäufer von Finanzinstrumente annehmen.[549] Die PTS sind private Handelssysteme, die sich zwischen dem börslichen und außerbörslichen Handel als eine neue Form des Wertpapierhandels etabliert haben. Durch Differenzierung im Service und die Bereitstellung spezieller Marktstrukturen wird versucht „order-flow" angezogen zu werden.[550]

Die Systembetreiber sind Drittpersonen, die in privatrechtlicher Form die Infrastruktur für den Wertpapierhandel profitorientiert zur Verfügung stellen.[551] Die vertragliche Verbundenheit der Teilnehmer erfolgt nur mit dem Systembetreiber, oder zwischen einander, wenn die Gegenorders komplementär sind. Es sind auch Auktionsverfahren möglich. Die Teilnehmer geben Aufträge in das System ein und sobald zwei Ordern einander entsprechen, wird das Wertpapiergeschäft von dem Handelssystem durchgeführt. Bei dieser Abschlussvermittlung übernimmt das System die Rolle des Vertreters beider Parteien.[552] Eine andere Möglichkeit ist, wenn das System Eigenhandel betreibt, indem es die Position des Käufers oder

[548] Vgl. Ludwig (2004), S. 424
[549] Vgl. Böhme (2004), S. 33; Ludwig (2002), S. 95
[550] Vgl. Gomber (2000), S. 2
[551] Vgl. Prechtel (2001), S. 14 f.
[552] Vgl. Ludwig (2002), S. 96

Verkäufers (wie ein Market-Maker) einnimmt und in eigenem Namen und auf eigener Rechnung handelt.[553]

Die Handelsteilnehmer finden die passende Gegenorder der Marktgegenseite durch die Intermediation eines Broker Dealers, der das ATS betreibt. Wie auf einer Börse sobald zwei Ordern komplementär sind, werden sie automatisch zusammengeführt. Außerdem kann die entsprechende Order der Marktgegenseite per Telefon oder per elektronische Eingabe angenommen werden. Das letztere geschieht indem das gewünschte Handelsobjekt via Terminal ausgewählt und der Befehl für Kauf oder Verkauf eingegeben wird. Eine weitere Möglichkeit zum Handel sind die Verhandlungsmechanismen, die von den PTS unterstützt werden.[554]

5.4.4 Crossing-Systems

Die Crossing-Systems gehören je nach Definition zu dem Begriff der PTS. Sie sind wie diejenigen in den USA aufgebaut. Beispielweise wird hier das System Xetra XXL der Deutschen Börse AG eingegliedert. Die Handelspreise, sind entweder die Schlussnotierungen einer Referenzbörse oder der Mittelwert aus den dort notierten besten Bid-Ask-Preisen genau zu dem Zeitpunkt, an dem die Aufträge übereinstimmen. Das Handelsvolumen ist dabei für die anderen Marktteilnehmer nicht sichtbar, so dass der Marktpreis auch bei Teilausführungen von Block-Orders unbeeinflusst bleibt.[555] Das System Xetra XXL ist ein Crossing Network, das einen anonymen Blockhandel ermöglicht. Die Preisbildung findet anhand der Referenzpreise im Xetra -Handel. Der Xetra XXL-Blockhandel soll die im außerbörslichen Handel gesplittete Liquidität auf einer zentralen Handelsplattform zu bestimmten Zeitpunkten konzentrieren. Außerdem gibt es Inhouse Crossing Systems wie Xetra Best. Grundidee ist, dass die Banken oder deren Kooperationspartner die Aufträge der Kunden gegen eigenen Bestand in dem System ausführen können. Dies geschieht sofern der Preis um einen Cent besser ist als derjenige Preis, der zum gleichen Zeitpunkt im offenen Xetra-Orderbuch zu erzielen wäre. Die Bewegung

[553] Vgl. Ludwig (2004), S. 421; BAKred (1999), S. 66
[554] Vgl. Ludwig (2004), S. 421; BAKred (1999), S. 66
[555] Vgl. Mühlberger (2004), S. 3; BaFIN (2002), S. 20; Ludwig (2002), S. 97

der Ausführungskurse innerhalb der Spanne des offenen Xetra-Orderbuchs gibt der Banken die Möglichkeit diese Differenz für sich als Gewinn zu verbuchen.[556]
Die Crossing-ATS mit speziellen Blockhandelsfazilitäten in Europa haben nur einen Marktanteil von 1-2%. Die Prognose vermutet, dass sie sich nicht weiter entwickeln werden, und daher werden ihnen keine großen Chancen eingeräumt.[557]

5.4.5 Auction-Based-Systems

Ein Beispiel dieser Systeme in Europa ist Tradepoint Financial Networks Plc. (Tradepoint). Das vollelektronische Handelssystem hat ihren Sitz in London. Die Aufträge werden dabei sowohl in einem kontinuierlichen als auch in einem periodischen Auktionssegment gematcht.[558]
Seit Mai 2003 ist die Börse München Betreiber des Systems MAX-ONE. Die Preise der hochliquiden Handelsobjekte werden durch elektronisches Matching im Sekundentakt festgestellt. Die weniger liquiden Wertpapiere werden durch einer Kombination elektronischer Auftragsüberwachung mit fortlaufenden Auktionen gehandelt. Die Preise der nicht liquiden Aktien und allen Rentenpapieren werden einmal täglich durch die Specialists in einer Auktion (single price call auction) festgelegt.[559]

5.4.6 Day-Trading-Center

Day-Trading-Center sind Erscheinungen des Wertpapiehandels und erlauben ein eigenständiges Handel mit Finanzinstrumente an einen EDV-Arbeitsplatz mit Internetzugang. Der Kunde kann diesen Platz mieten und rechtlich gesehen geht er eine Geschäftsbeziehung mit dem Centerbetreiber, mit einem Wertpapierhandelsunternehmen, der zum elektronischen Börsenhandel von Wertpapieren zugelassen ist und zu einem anderen, der das Handelssoftware zur Verfügung stellt, ein. Nun kann der Teilnehmer Handel „real-time“ und „intra-day“ betreiben ähnlich wie die professionellen Wertpapierhändler am Börsenplatz. Damit dies aber mög-

---

556 Vgl. Ludwig (2004), S. 422
557 Vgl. Mühlberger (2004), S. 1 und 9
558 Vgl. Ludwig (2004), S. 422
559 Vgl. ebenda

lich ist, braucht ein Day-Trading-Center ein Kooperationspartner, der eine Börsenzulassung hat, weil die Center keine Börsenmitglieder sind und kein Recht haben an der Börse direkt zu handeln. Daher handelt es sich hier um ein Order-Routing-System, dass es ihren Kunden die Möglichkeit einer elektronischen Ordererteilung an die Börse mittels eines Börsenhandelsteilnehmers bietet und nicht um ATS.[560] Beispielhaft vermittelt die Momentum interessierte Kunden an die Wertpapierhandelsbank Carl-Kliem-Börsen-Service GmbH Frankfurt/Main.[561]

---

[560] Vgl. Ludwig (2002), S. 97 f.; BaWe (2000), S. 7 f.
[561] Vgl. ebenda (2002), S. 98 f.

6. Zukunftsperspektiven

Das immer steigende auf elektronischem Wege Handelsvolumen ist ein Beweis, dass die elektronische Handelssysteme auch in der Zukunft eine wichtige Rolle spielen werden. Die schnelle Ausführung und Effizienz des elektronischen Handels ziehen immer mehr Interessenten an, die ihre Geschäfte auf elektronische Plattformen abwickeln möchten. Die Entwicklungen der Technologien erlauben nicht nur eine Konzentration auf eine bestimmte Art von Finanzinstrumente, sonder das Angebot unterschiedlicher Handelsklassen von Handelsobjekten. Dieses Konzept konnte sich jedoch nicht etablieren. Vielmehr wird heutzutage eine Reduktion der Systemkomplexität angestrebt. Dadurch kann viel besser die relevante Information gesammelt, die Risikoposition ermittelt und die Kosten reduziert werden. Die Einfachheit der Systeme erlaubt zudem eine Konzentration auf und für den einzelnen Kunden wichtige Punkte.[562]

Die Kritiker weisen auf eine durch die ATS verursachte Fragmentierung des Marktes und damit der Liquidität hin. Deswegen werden die einzelnen Handelsplattformen in der Zukunft durch standardisierte Übertragungsprotokolle miteinander verbindet, damit solche Probleme eliminiert werden.[563] Die Vernetzung der Handelsplatformen wird nicht nur der Fragmentierung entgegenwirken, sondern gibt den Systemen die Rolle von Akteuren in den Märkten (Abbildung 11).[564]

Sowohl in den USA als auch in Europa sind mittelfristig Konsolidierungen durch Kooperationen oder sogar Verschmelzungen zu erwarten.[565] Durch die Verknüpfung der Orderbücher kann ausreichen Liquidität an den Kunden angeboten und ein effizienterer Handel ermöglicht werden. Außerdem wird die Ausführung von Block-Transaktionen verbessert und eine einheitliche Preisbildung garantiert. Die Integrationsvision kann in globalen ATS-Plattformen enden, die Informationszuführung sowie Handel und Clearing durch enge Kooperationen von ATS, Broker und Clearing Institutionen weltweit verbinden werden. Noch ein weiterer Trend ist die

---

562 Vgl. Barnes (2004), S. 142
563 Vgl. Mühlberger (2004), S. 1; Gaa u.a. (2001), S. 48
564 Vgl. Mühlberger (2004), S. 11
565 Vgl. Ludwig (2004), S. 425; Neubauer (2001), S. 106

Zulassung der ATS als Börsen, weil dadurch Anlegerschutzmaßnahmen und Überwachungsprozesse implementiert werden können.[566]
Ein wichtiger Trend, der von den Klienten ausgeht ist, dass sie keine Vielzahl von Systemanbieter möchten, sonder nur einen einzigen. Dieser Systembetreiber kann dann das Portefeuille und das Risiko global analysieren, so dass das Kapital viel besser verwaltet werden kann. Deswegen bei dem Aufbau von Handelsplatformen müssen die Kundengruppen und –wünsche berücksichtigt werden. Die heutigen Herausforderungen sind ein System zu bilden, das sowohl das Portefeuille verwaltet als auch die besten Instrumente identifiziert um Risikomanagement zu betreiben.[567]
Es kann eine internationale Vernetzung von Kapitalmärkten erwartet werden, so dass die Investoren aus einer weltweiten Liste von Handelsobjekten auswählen könnten. Dadurch wird der internationale Handel erleichtert. Die ATS, die geringere Ausführungskosten, größere Anonymität der Investoren und erhöhte Markttransparenz anbieten werden als Standart den 24-Stunden, 7 Tage der Woche Handel einführen.[568] Auch die Abstufung der Automatisierungsphasen im Wertpapierhandel ergibt eine mögliche Zukunftsperspektive, die auf globale elektronische Börsennetzwerke hinweist.[569]
Die neuen Sprachenstandards im Internet (z.B. XML, fpML, Java, .Net) erlauben eine viel leichtere und effizientere Entwicklung vom ATS-unterstützenden Software.[570] Zusammen mit den neuen Protokollen für die Einbindung von Frontends im Bereich Mobile Computing kann vermutet werden, dass der Einfluss der ATS auf den Finanzmärkte weiter steigen wird.[571]
Die herrschende Meinung ist, dass in Zukunft der online Handel von Derivatprodukte weiter steigen wird. Gründe dafür sind der steigende Anzahl von Plattformen, die das Service anbieten, die Kunden gewöhnen sich an die elektronische Auftragsausführung und das ständige Wachsen der Derivatmärkte. Die Ermöglichung von „real-time“ Handelsinformationen wird zur mehr Liquidität, geringere Transakti-

[566] Vgl. Neubauer (2001), S. 106
[567] Vgl. Barnes (2004), S. 144
[568] Vgl. Gaa u.a. (2001), S. 47 f.
[569] Vgl. Schenk (1997), S. 2
[570] Vgl. Barnes (2004), S. 143, Neubauer (2001), S. 106
[571] Vgl. Neubauer (2001), S. 106

onskosten und größere Anwendung des elektronischen Handels führen. Viele Plattformen integrieren zunehmend alle Schritte des Handelsprozesses indem sie auch Clearing and Settlement anbieten. Der „straight-through" Handel könnte die operationelle Kosten und Risiken der Benutzer minimieren. [572]

Ein weiterer Trend ist der Kampf um Anteile auf dem Retailmarkt. Sowohl ECNs als auch die Börsen haben das steigende Engagement der privaten Investoren in den Wertpapiergeschäften erkannt und wollen jetzt Marktanteile gewinnen. Beispielweise war etwa die Hälfte der Einnahmen bei der Deutschen Börse von Retailinvestoren. Ziel dabei ist ein offenes Buch zu präsentieren, das allen Kleinanleger eine bessere Orientierung bei den Wertpapiergeschäften schaffen soll.[573]

Letztendlich sind die Preisqualität und Schnelligkeit der Augtragsausführung, Transparenz des Marktes sowie die Ansammlung von Liquidität wichtig um sich auf Dauer zu behaupten.[574]

Problematisch kann es werden, wenn das ATS zu einer Bank gehört und als „inhouse trading system" benutzt wird. Dies könnte zur Monopolisierung der Handelsindustrie führen und das Resultat davon sind geringere Liquidität und größere „spreads".[575]

Die Zukunftsperspektiven der ATS nach eigener Meinung hängen von den regulatorischen Vorhaben der zuständigen Aufsichtsbehörden und der Macht der Gegner von ATS, wie die Besitzer von Parkettbörsen. Sicher ist jedoch, dass sich die Technologien weiterentwickeln und in der nahen Zukunft die virtuelle globale Vernetzung ermöglichen werden. Dies kann zu einer Verschmelzung von Börsen und ATS führen, die sich jedoch auf eine reduzierte Komplexität des Handels konzentrieren werden müssen, damit sich der Kreis von Marktteilnehmer weiter ausweiten kann. Die Mikrostrukturen werden vorwiegend hybriden Modellen sein, die unterschiedlichen Vorteile kombinieren.

---

[572] Vgl. bondmarkets.com (2004), S. 6
[573] Vgl. Neubauer (2001), S. 107
[574] Vgl. ebenda
[575] Vgl. Schwarz-Shillung, Wahrenburg (2002), S. 16

7. Fazit

Die alternativen Handelssysteme sind die modernen Kapitalmärkte. Sie haben ihr Anfang in den USA und konnten sich dort als Phänomen behaupten. In Europa haben die traditionellen Börsen zur Abwehr mit einer frühreren Modernisierung des Parketthandels angefangen und konnten dadurch die Entwicklungsmöglichkeiten der Systeme beschränken. Trotz dieser Entwicklungen kann in den USA eine Verringerung der Anzahl mancher Formen von ATS durch Konsolidierungen beobachtet werden und gleichzeitig eine Erhöhung der Zahl der Systeme in Europa.

Die Handelsmodelle der ATS werden grundsätzlich nach den bewährten Prinzipien der Markttypen aufgebaut. Während einige Systeme die Vorteile der Auktionsbörsen wie niedrige Transaktionskosten ausnutzen, versuchen andere durch den Einsatz von Markt Macher die Liquidität zu erhöhen. Für die sich in der Praxis ergebende Konstellationen, die spezifischer Natur sind und nicht vollständig durch die Theorie umfasst werden können, werden sehr oft hybriden Formen geschaffen, die die Vorteile beider Marktogranisationen kombinieren.

Die starken Börsenzusammenbrüche in der Vergangenheit haben die Diskussion um das sichere und effizientere Funktionieren der Kapitalmärkte hervorgerufen und im Rahmen der Marktmikrostrukturtheorie von Finanzmärkten weiterentwickelt. Viele Authoren wie MADHAVAN, O'HARA, DOMOWITZ oder LEE stützen sich auf die alten Theorien und versuchen aus diesen praxisrelevante Modelle zu entwickeln. Die neuen Überlegungen berücksichtigen auch die durch die Entwicklung der modernen Technologien veränderte Struktur der Kapitalmärkte.

Die Entstehung von ATS wurde durch zahlreiche historische Entwicklungen sowohl in den Finanzmärkten als auch in der gesamten Welt ermöglicht. Die Globalisierung, die Liberalisierung und die Fortschritte bei den Technologien waren wichtige Voraussetzungen zum Aufbau der alternativen Handelssysteme. Zudem sprechen die zahlreiche Vorteile der Systeme für ihre Benutzung und Weiterentwicklung.

Sowohl in den USA als auch in Europa exisitiert eine Vielzahl an Modelle und Ausprägungen der Alternativ Trading Systems. Die unterschiedlichen Rechtssprechungen und die spezifische historisch entstandene Eigenschaften der Handelsmärkte lassen keine eindeutige Kategorisierung der Systeme zu. Der aktuelle Trend zeigt eine Konsolidierung der Systeme und weltweite Vernetzung der Handelsplätze. Diese internationale Ausrichtung kann zu der Bildung eines einzigen globalen Handelsmarktes führen, der entweder alle Eigenschaften des „idealen" Kapitalmarkts aufweist oder durch ein monopolistischer Verhalten gekennzeichnet wird.

Anhang

Abbildungen:

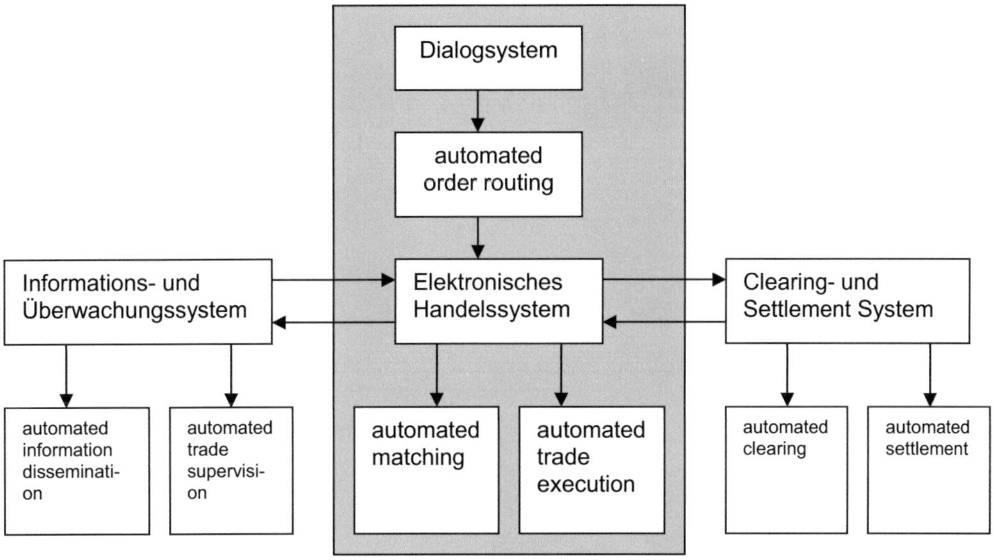

Abbildung 1 Strukturdarstellung einer vollintegrierten Computerbörse[576]

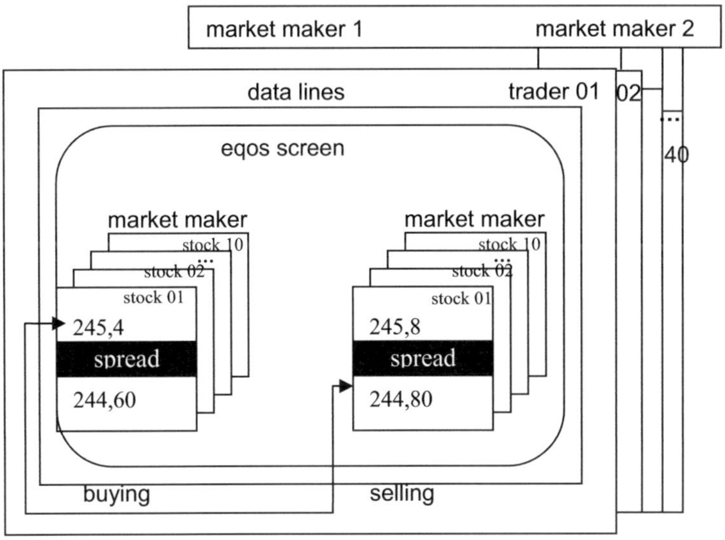

Abbildung 2 Market-Maker-System (geändert)[577]

---

[576] Gomber (2000), S. 27, in Anlehnung an Gerke, Rapp (1994)
[577] Vgl. Loistl (2002), S. 33

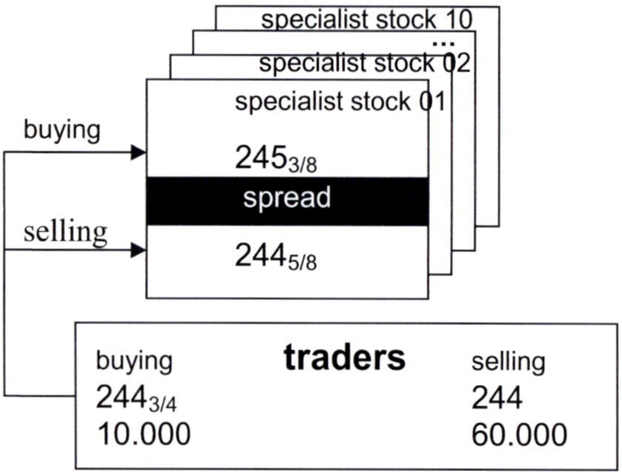

Abbildung 3 New York Stock Exchange mit Specialists (geändert)[578]

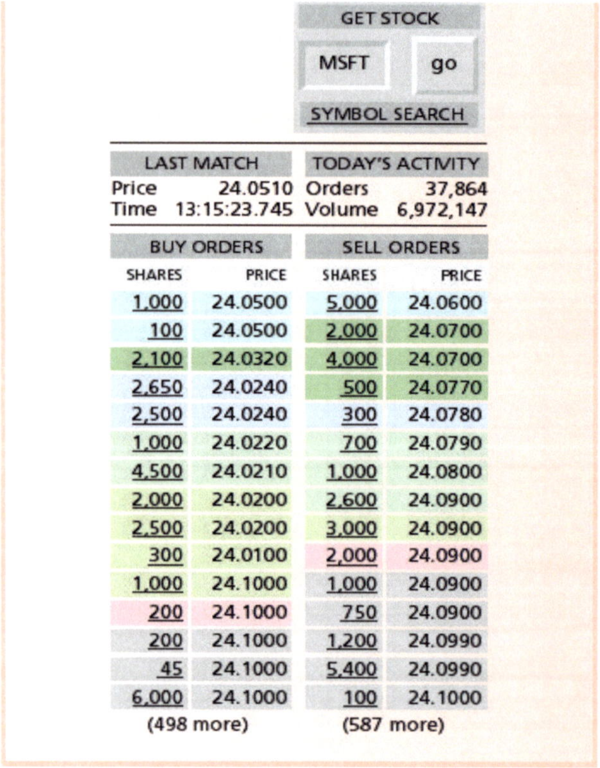
GET STOCK

MSFT go

SYMBOL SEARCH

LAST MATCH		TODAY'S ACTIVITY	
Price	24.0510	Orders	37,864
Time	13:15:23.745	Volume	6,972,147

BUY ORDERS		SELL ORDERS	
SHARES	PRICE	SHARES	PRICE
1,000	24.0500	5,000	24.0600
100	24.0500	2,000	24.0700
2,100	24.0320	4,000	24.0700
2,650	24.0240	500	24.0770
2,500	24.0240	300	24.0780
1,000	24.0220	700	24.0790
4,500	24.0210	1,000	24.0800
2,000	24.0200	2,600	24.0900
2,500	24.0200	3,000	24.0900
300	24.0100	2,000	24.0900
1,000	24.1000	1,000	24.0900
200	24.1000	750	24.0900
200	24.1000	1,200	24.0990
45	24.1000	5,400	24.0990
6,000	24.1000	100	24.1000
(498 more)		(587 more)	

Abbildung 4 Limit Order Book[579]

---

[578] Vgl. Loistl (2002), S. 34

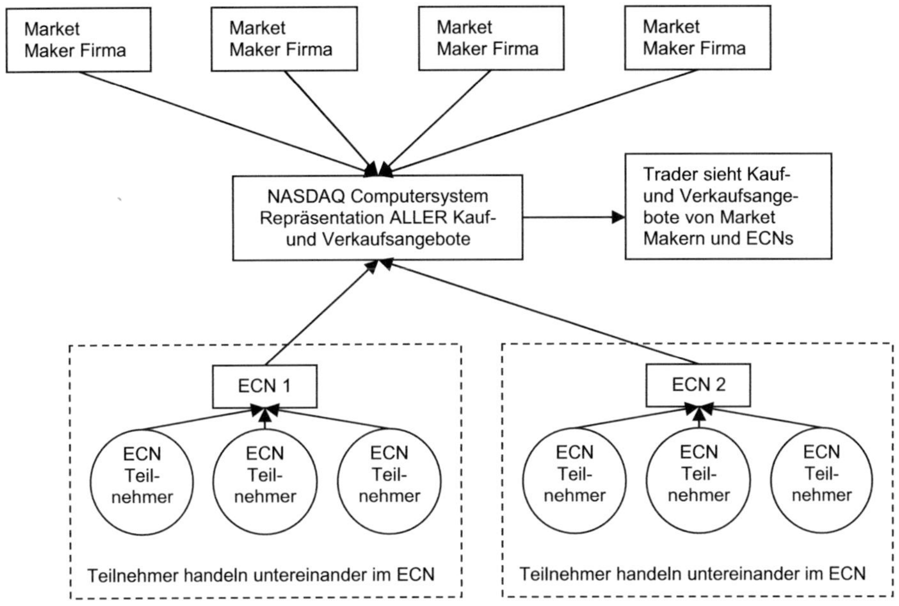

Abbildung 5 ECNs[580]

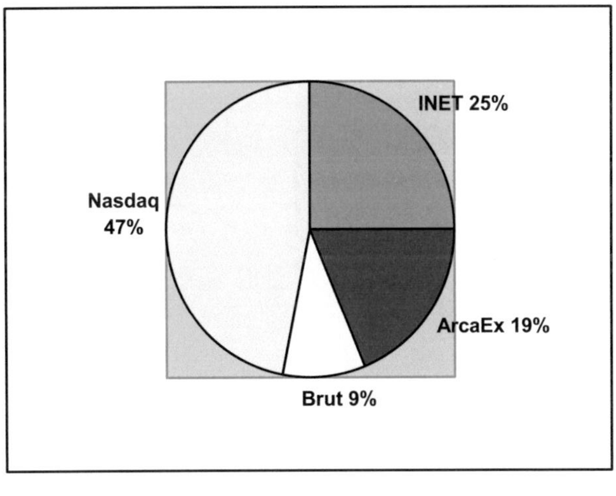

Abbildung 6 Anteile am Handelsvolumen Nasdaq gelisteter Aktien (Mai 2004)[581]

---

[579] Hendershott (2003), S. 11
[580] day-trading.de, (2005) S. 1
[581] Mühlberger (2004), S. 7

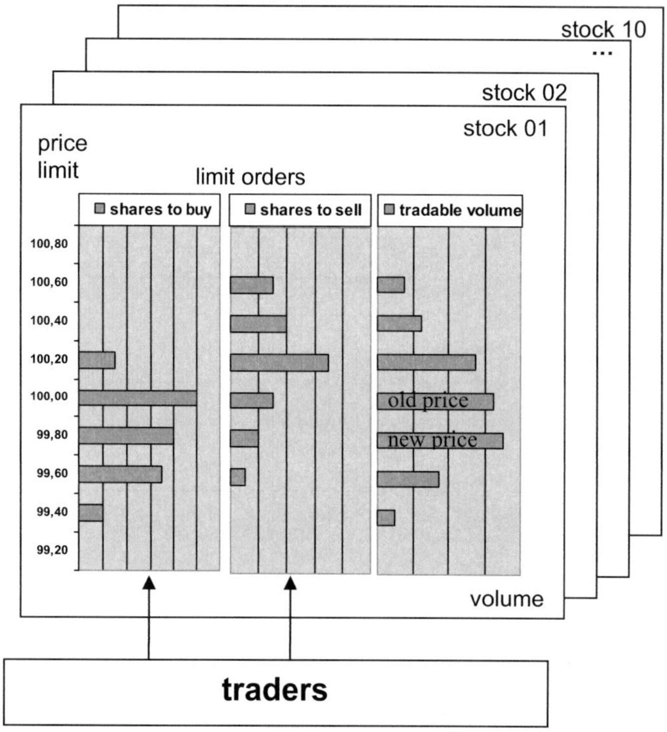

Abbildung 7 Frankfurter Börse (geändert)[582]

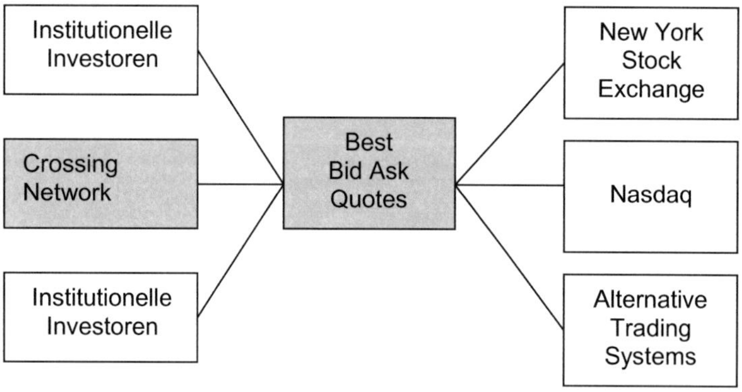

Abbildung 8 Handelsmodell von Crossing Networks[583]

---

[582] Vgl. Loistl (2001), S. 32
[583] Ludwig (2004), S. 425

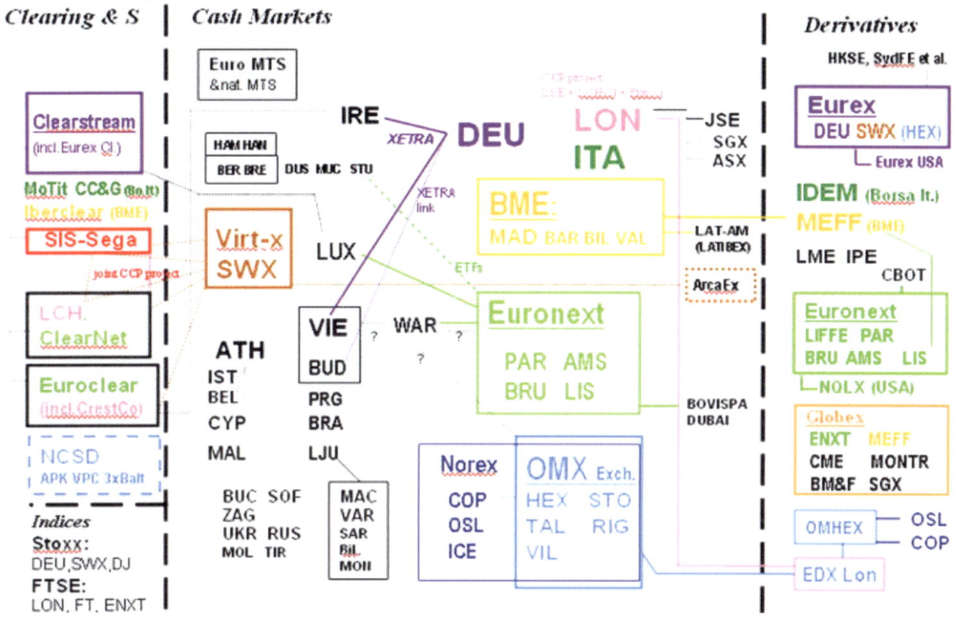

Abbildung 9 The European Exchange Landscape (Oktober 2004)[584]

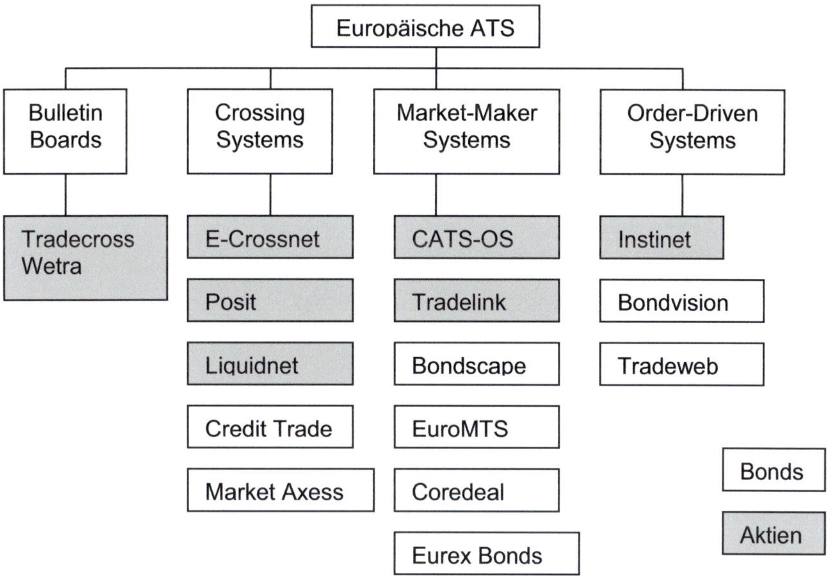

Abbildung 10 Europäische ATS[585]

584 FESE (2005), S. 1

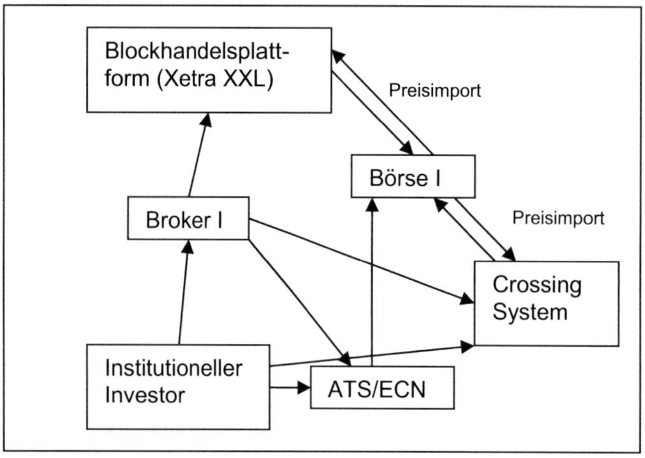

Abbildung 11 Orderflow im Aktienhandel[586]

[585] Mühlberger (2004), S: 3
[586] Mühlberger (2004), S. 11

Tabellen:

Gestaltungsparameter	Gestaltungsprinzip	Ausprägung
Börsen nach dem Spezialisierungsgrad	Dienstleistungen im Rahmen der gesamten Wertschöpfungskette	Spezialbörse
	spezielle Segmente	Universalbörse
Börsen nach den Zugangsbeschränkungen	Direkter Handel	Offene Börse
	Handel mit Intermediäre	Händlermonopolbörse
Börsen nach der Rechtsform	Traditionelle Börse	Verbandsbörse
	Börsennotiert	Börse als Kapitalgesellschaft
Marktstruktur (Grad der Handelskonzentration)	zentral	Zentralbörse
	dezentral	Regionalbörse
Marktorganisation (Verfahren der Preisbildung)	order-gestützt auktionsprinzip	Auktionsmarkt
	quote-gestützt marketmaker-prinzip	Händlermarkt
Marktkonfiguration (Automatisierungsgrad)	manuell	Präsenzbörse
	automatisiert	Computerbörse
Handelsfrequenz eines Marktes	fortlaufend	kontinuierlicher Handel
	periodisch	periodischer Handel
Nach der Erfüllungsfrist	Sofortige Erfüllung der Transaktionen	Kassabörsen
	Zeitlich getrennte Erfüllung der Transaktionen	Terminbörsen
Grad der Marktransparenz	strenge Regeln	transparente Märkte
	nicht strenge oder keine Regeln	risikoreiche Märkte

Tabelle 2 Verfeinerte Börsenartendarstellung[587]

Evolutionsstufen	Börsen	ATS
1. Computerunterstützte Parketthandelssysteme: Nur periphere Prozesse elektronisch abgebildet	NYSE, FWB	
2. Computerunterstützte Handelssysteme: Anzeige der vorliegenden Orders in einem elektronischen Orderbuch	Euro-MTS SEAQ SEAQ-International	Bloomberg L.P.
3. Computerhandelssysteme: Auch Preisfindung und Handelsabschluss automatisch ausgeführt	Xetra, Posit, SETS	Instinet GmbH
4. Computerbörsensysteme	DTB, SOFFEX, Eurex, INET	

Tabelle 3 Elektronisierung des Wertpapierhandels: Evolutionsstufen[588]

[587] Vgl. Pöll (2004), S. 4 ff.; Hauser (2003), S 91 ff., Book (2001), S. 23
[588] Vgl. Mühlberger (2004), S. 2; Ludwig (2002), S. 47; Schenk (1997), S. 83 ff.

Standards/Busniness Rules	Beschreibung
Standard 1: Notifications	Die Investmentfirmen müssen von für sie zuständigen regulatorischen Organisationen gefordert, die Niederlassung des „qualifiying system“ zu nennen. Außerdem müssen sie die Haupteigenschaften und signifikante Änderungen des Systems melden.
Standard 2: Fair and orderly trading	Die Systeme müssen Handelsordnungen festlegen, die ein fairer und ordentlicher Handel ermöglichen.
Standard 3: Publication of Trading Information	System, das der Handel von Finanzinstrumente, die an einem regulierten Markt gehandelt werden, ermöglicht, muss zu einer kommerziellen Basis, Informationen über die Quotierungen und/oder die Aufträge, die das System den Systemnutzer anzeigt, öffentlich bekannt geben.
Standard 4: MonitoriStandard Monitoring	Die Systembetreiber müssen überwachen, ob die Benutzer die Vertragsregeln einhalten.
Standard 5: Arrangements with Regulators Facilitating Market Integrity and Investor Protection	Die Systeme müssen zum Investorschutz und Marktintegrität Vereinbarungen mit den für sie zuständigen Organisationen treffen. Die Organisationen müssen dann die Überwachung der Märkte, in denen die Finanzinstrumente gehandelt werden vornehmen. Außerdem müssen sie Marktmissbrauch entdecken.
Standard 6: Systems	Die Systeme müssen nachweisen können, dass sie im Stande sind, die festgelegten Dienstleistungen zu ermöglichen. Außerdem, dass sie befriedeigende Verordungen für das Management der techischen Betrieb des Systems haben, und dass sie auftretende Probleme beseitigen können.
Standard 7: Clearing and Settlement	Die Systeme müssen garantieren, dass Klarheit bezüglich der Pflichten und Verantwortungen für das Clearing und Settlement der Transaktionen besteht.
Business Rule 8	Die Art der Beziehung zwischen dem Systembetreiber und der Nutzer muss klar sein.
Business Rule 9	Die Systeme müssen zuverlässige Systeminformation geben, damit die Nutzer das System effizient nutzen können und die damit verbundene Risiken zu verstehen.
Business Rule 10	Die Systeme müssen bekannt geben, dass sie den Zugang zu den öffentlich verfügbaren Informationen, die die Nutzer bei ihren Investitionsentscheidungen unterstützen können, ermöglichen.

Tabelle 4 Standards und Business Rules für ATS[589]

[589] Vgl. CESR (2002), S. 8 ff.

Regulierungsanforderungen an ATS nach MiFID:
• Gewährleistung operativer Stabilität durch geeignete organisatorische und systemtechnische Gestaltung
• Zugelassene Regeln, nach denen der Handel abläuft (Kursbildungsprozess)
• Transparenter und nichtdiskriminierender Zugang zu den Handelsfazilitäten
• Marktüberwachung
• Vor- und nachbörsliche Transparenz in Bezug auf Aktiengeschäfte
• Gewährleistung finanzieller Stabilität durch ausreichendes Anfangskapital und zusätzliche Eigenmittel
• Keine Anforderungen hinsichtlich der Zulassung der gehandelten Instrumente

Tabelle 5 Regulierungsanforderungen an ATS nach MiFID[590]

Market Design Goals	Elements of Market Structure	Measures of Market Performance
Price Discovery	Trading Mechanism	Liquidity
Effective Hedging ag. Price Risks	Trading Hours	Price Efficiency
Maximum Welfare	Location/Venue	Speed of Adjustment to New Information
National Preferences	Trade Information Available	Market Volume
Technological Leadership	Security Denomination	Market Viability
Profit Maximization	Trading Rules and Regulations	Market Depth
Broad-Based Price Dissemination		Trading Costs
Price Efficiency		Volatility
Optimal Competitive Position		Market Activity
Optimal Resource Allocation		
Economic Leadership		

Tabelle 6 Ziele, Elemente und Messgrößen des Marktes[591]

	Nasdaq-NMS	NYSE Open	NYSE Intraday	Paris Bourse	POSIT	CBOT	FX Market
Market Type							
Continuous	X		X	X		X	X
Floor-based		X	X			X	
Dealer Presence	X	X	X			X	
Multilateral		X			X		
Transparency							
Pre-trade Quotes	X		X	X		X	
Post-trade Reports	X	X	X	X	X	X	

Tabelle 7 Variationen bei den Handelssystemen[592]

590 Mühlberger (2004), S. 5
591 Marquardt (1998), S. 4 f.
592 Madhavan (2000), S. 22

Hauptfunktionen	Finanzierungsfunktion, Zirkulationsfunktion			
Grundfunktionen	Marktfunktion	Preisfindungsfunktion Bewertungsfunktion	Allokationsfunktion	Distributionsfunktion
Nachgelagerte Funktionen	Fristentransformationsfunktion Losgrößentransformationsfunktion Risikotransformationsfunktion Standardisierungsfunktion Gütestempelfunktion			

Tabelle 8 Funktionen des Aktienmarktes[593]

Sachverhalt	**Parkettbasierte Systeme**	**ATS**
Geschwindigkeit	Langsam	Sehr schnell
Informationsaustausch	Parkettbasierte Händler können alle Arten von Informationen austauschen	Händler können nur durch begrenzte Menge von Auftragsanweidungen kommunizieren
Potential für Auftragsstrategien	Begrenzt durch die Eigenschaften der Parkettbroker	Begrenzt durch die Menge der Auftragsanweisungen
Handelskomfort	Händler müssen auf dem Parkett sein	Weltweiter Zugang
Zugang zum Kauf	Durch die Parkett-Broker und eventuell die Verkauf-Broker	Direkter Zugang möglich
Skalierbarkeit des Systems	Begrenzt durch die Probleme beim physischen Austausch von Nachrichten	Hoch skalierbar
Anfangskosten	Hohe Kosten beim Erwerb und Aufbau des Parketts Hohe Kosten um die Parketthändler auszubilden und Börsenpersonal	Relativ geringe Kosten für das Handelssoftware
Kommunikationskosten	Niedrig wenn mit Telefone aufgebaut Mittlere Kosten wenn mit elektronischem Informationssystem	Mittlere Kosten für das elektronische Informationssystem
Arbeitskosten	Hohe Arbeitskosten	Niedrige Arbeitskosten
Fairness	Ständiger Aufsicht des Parketthandels nötig	Sehr fair
Revision	Bedarf beträchtliche Bemühungen	Perfekt

Tabelle 9 Parkettbörsen vs. ATS[594]

[593] Knips (2000), S. 219
[594] Vgl. Harris (2003), S. 552

Anbietersicht	Nachfragersicht
Gefallene Markteintrittsbarrieren	Disintermediation, Marktzugangskosten
Explizite Gewinnorientierung	Keine Erforderfnis der Mitgliedschaft an einer Börse
Nutzung anforderungsspezifischer Technologien	Anonymität und reduzierte Handelskosten
Regulierungsvorteile	Ausgereifte Orderroutingsysteme
Nutzung von economies of speed	Wettbewerb unter Börsen und ATS
Quantitatives Wachstum der institutionellen Seite	Handelsusancen
Nutzung von Spezialisierungsvorteile	Vermeidung Market Impact
Network effects	Vermeidung adverser Selektion
Sunk costs	
Economies of scale	
Governance structure	
Kundenindividuelle und bedarfsgerechte Dienstleistungen im Wettpapierhandel	

Tabelle 10 Motive für ATS[595]

• Benutzung von fehlertolerantes Computerhardware
• Aufbau reichlicher Computersysteme
• Aufbau reichlicher Netzwerkverbindungen
• Leiten der Netzwerkverbindungen über unterschiedlichen „vendors“ und unterschiedliche physische Pfade
• Sicherstellung des Stroms
• Sofortige Umschaltung der System im Falle eines Abbruchs
• Aufbau von Überflusskapazitäten um unerwartet hohe Nachfrage zu beseitigen
• Benutzung von Informationsspeicherungs- und aufbewahrungsprozeduren
• Ständige Tests des Software durch dritte unabhängige Qualitätssicherungsunternehmen

Tabelle 11 Präventive Maßnahmen bei den ATS[596]

Pricing data — Die Benutzer haben Zugang zur Database mit allen in dem System ausgeführten Geschäfte, manchmal auch diejenige auf anderen Plattformen oder Parkettbörsen
Confirmation and allocation services — Die Benutzer können elektronisch die Bestätigung des Handels bekommen und/oder die Plattform benutzen um die Geschäfte unter mehreren Konten aufzuteilen
Order management system — Die Benutzer können die Aufträge auf real-time-Basis sehen und verwalten. In manchen Fällen quer durch alle Händler innerhalb einer Firma oder Gruppe
Pre-trade analytics — Die Benutzer haben Zugang zur Recherche, Daten und analytische Funktionen um ihre Idee bevor die Verwirklichung zu entwickeln oder zu testen
Matching services — Die Benutzer können das Clearing und Settlement Prozess überprüfen, indem sie ihre Daten mit denjenigen der Gegenseite vergleichen
Electronic research delivery — Die Benutzer können Forschungsprodukte bekommen, die von „dealers“ oder „third-party providers“ entwickelt wurden

[595] Vgl. Ludwig (2002), S. 119 ff.; Gomber (2000), S. 59
[596] Vgl. Harris (2003), S. 549 f.

Regulatory compliance services — Mithilfe bei der Einhaltung bestimmter regulatorische Anforderungen wie „record-keeping“ oder „due diligence“ bei der Preisfindung
Risk monitoring or management services — Benutzung von Risikobewertungsfunktionen oder Modelle zur Bildung von Portefeuilles. Überwachung und Kontrolle der Potfoliorisiko für individuelle Geschäfte oder quer durch die Gruppe oder Firma
Identity management services — Erweiterte „login“ Eigenschaften, die den Benutzer die Überwachung und Kontrolle zur bestimmten Funktionen oder Dienstleistungen erlauben

Tabelle 12 Value-added services[597]

System Type	1997	1998	1999	2000	2001	2002	2003	2004
Auction	1	2	10	14	16	14	12	10
Cross-Matching	2	6	8	22	25	17	12	9
Interdealer	1	0	5	10	15	21	21	21
Multi-Dealer	0	4	3	9	10	13	16	16
Single Dealer	7	12	13	17	19	22	21	21
Other	0	2	1	0	0	0	0	0
Total	11	27	40	72	79	81	77	74

Tabelle 13 Anzahl der ATS[598]

Market Sector	1997	1998	1999	2000	2001	2002	2003-USA	2003-Europa	2004-USA	2004-Europa
Agency	5	8	17	31	28	29	27	7	28	16
Asset-Backed	0	1	2	6	6	6	6	7	5	8
Corporate	2	9	14	30	26	29	29	10	30	16
Derivatives	N/A	N/A	N/A	N/A	8	9	10	3	18	15
European (total)	N/A	N/A	N/A	16	37	45	N/A	N/A	N/A	N/A
Loans	N/A	N/A	N/A	N/A	6	6	5	1	4	2
Mortage-Backed	2	3	5	14	8	12	12	5	16	10
Money Market	3	5	13	13	11	13	15	3	21	19
Minicipal	3	10	18	31	11	24	23	0	17	4
Repo	4	4	4	4	6	9	10	4	6	14
Treasury	9	20	27	34	33	31	29	37	32	32
Other	0	0	0	11	13	19	18	7	14	11

Tabelle 14 Anzahl der ATS nach Marktsektoren[599]

[597] Vgl. bondmarkets.com (2004), S. 3
[598] Ebenda, S. 6

ATS	**Art**	**Marktanteil**	**Internetseite**
USA			
INET	ECN Electronic Marketplace	-Nasdaq Aktien: 25,7 % -US börsennotierte Aktien: 2,9 % -Total US Aktien: 13,6 %	inetats.com
BrokerTec USA BrokerTec Europe	ECN Global Electronic Bond Trading Plattform	-$200 billion (single count) in fixed income securities daily -electronic activity with quarterly transaction volume surpassing $13 trillion in the 3rd quarter	brokertec.com
Primex Trading	ECN Auction System	2003 Shares Executed – 2.922.122.699 Trades Executed – 7.983.870	Primex-trading.com
Lava Trading	securities trading system for consolidation of trading on multiple ECNs and electronic exchanges	on average more than 300 million shares a day	lavatrading.com
ARCA	electronic stock market	2004 more than 800 million shares February 2005 -Nasdaq (millions of shares) – 37,372.3 (24 %) -Nyse (millions of shares) – 37,824.2 (2,3 %)	tradearca.com
B-Trade	ECN	-	https://clients.b-trade.com/Default.aspx
Bloomberg Tradebook	Global Electronic Agency Brokerage	-Number of shares (daily) – over 150 million in U.S. equity securities -Approximate aggregate Value – 1 billion $ per day in international equity shares	http://www.bloombergtradebook.com/index_fl.htm
ATTAIN	ECN electronic trading of global markets through multiple trading platforms	-	attaincapital.com
ITG	ECN Crossing Network	February 2005 (U.S. Trading Volume) Total Shares – 1.653.078.115	itginc.com
Europa			
virt-x Exchange Limited	regulated market under the Investment Services Directive ("ISD")	February 2005 -Total Turnover (in mio Euro) – 64.193 -Total Number of Trades – 978.827	virt-x.com
London Stock Exchange	-SETS (electronic order book) -SETSmm (hybrid: electronic order book and continuous liquidity	UK Equity Retail Trades (February 2005) – 833.119	http://www.londonstockexchange.com/en-gb/products/membershiptrad-

[599] Ebenda

	provision from committed market makers) -SEAQ (quote driven trading) -SEATS Plus (hybrid trading) -IBB (order driven trading service) -Extranext (communication service) -STX (telephone network)		ing/tradingservices/
Xetra XXL	Crossing System trading in blocks of shares	-	http://deutsche-boerse.com/dbag/dispatch/en/kir/gdb_navigation/trading_members/12_Xetra/65_Xetra_XXL
CATS	Automated Trading System	-	http://www.citibank.de/investments/invest_echtzeithandel.asp?koop_id=MPAN03KN06KW0032
Quotrix	internetbasiertes börsliches Market Maker-System für den direkten quotegetriebenen Handel privater Anleger	-	http://www.quotrix.de/home/home.htm

Tabelle 15 Einige ATS in den USA und Europa[600]

1969	1996	1997	1998	1999	2000	2001	2002	2004
Start von Instinet	Start von Bloomberg Tradebook	Start von Archipelago	Start vonBrass Utility	Start von Redibook	Start von BRUT	Fusion von Redibook und Archipelago	Start von INET	Nasdaq kauft BRUT
	Start von Nextrade		Start von Attain	Start von Track			Start von ArcaEx	
	Start von Island		Start von Strike					

Tabelle 16 Konsolidierungsprozess in den USA[601]

[600] eigene Darstellung
[601] Vgl. Mühlberger (2004), S. 8

Länder	**Alternativ Trading Systems**	**Kommentare**
Österreich	-	Es gibt keine ATSs in Österreich
Belgien	MTS Associated Markets SA	Elektronische Handelsplattform für den Handel mit Belgischen, Dänische und Finnische public bonds.
Dänemark	-	Es gibt keine multilaterale ATSs in Dänemark.
Finnland	HEX Helsinki	Handel mit einigen an den Stockholmbörsen gelisteten Aktien.
France	MTS France	Bonds
	Powernext	Commodity derivatives
Germany	Eurex Bonds (Eurex Bonds GmbH) Eurex Repo (Eurex Bonds GmbH)	Elektronische Handelssysteme laut Sec. 58 par. 1 BörsG.
Griechenland	-	Es gibt keine ATSs und keine gesetzliche Regelungen für diese.
Island	-	Es gibt derzeit keine ATSs und es wird auch nicht vorgesehen, welche zu gründen.
Irland	ITG Limited	Die Firma hat britische Niederlassung und ist berechtigt für: i) Investitionsberatung ii) Investitionsdienstleistungen
Italien	Exclusive Trading Room Access (Ex. T.R.A.) (operated by Abaxbank SpA)	Repos, Währungen, Zinsen und Forwards (Währungen, Zinsen)
	IMI Direct (operated by Bance IMI SpA)	Staatsanleihen, Kreditgeschäfte u. a.
	RetLots Exchange (REX) (operated by Caboto Sim SpA)	Staatsanleihen, Bonds
	De@1 Done Trading (DdT) (operated by MPS Finance SpA)	Italienische und Ausländische Staatsanleihen u. a.
Luxemburg	-	Es gibt keine ATS in Luxemburg
Niederlanden	MTS Amsterdam N. V.	Bonds
Norwegen	-	Es gibt keine ATSs in Norwegen. Eventuell in der Zukunft.
Portugal	-	Es gibt keine ATSs in Portugal.
Spanien	SENAF	Investment services company.
	LATIBEX	Handel mit in Euro berechnete Latin-American Aktien und Wertpapiere.
	MTS Spain	Spanische ATS mit Italienischem Kapital. Handel mit Spanish public debt.
Schweden	iFox Markets AB	Investmen firm.
	Nya marknaden	Nicht offizieller Marktplatz, auf dem kleine Firmen indem Handelssystem der Stockholmsbörsen gehandelt werden können.

Vereinigtes Königsreich	**Equities** Instinet Europe Ltd Liquidnet Europe Ltd E-Crossnet Ltd Equilend Europe Ltd Secfinex Ltd The Share Centre Ltd	Manche ATSs handeln auch mit anderen Handelsobjekte.
	Bonds and financial derivatives: EuroMTS Ltd Brokertec Europe Ltd Tradeweb Europe Ltd Market Axess Europe Ltd Reuters Transaction Services Ltd Garban Securities Ltd Garban-Intercapital WCLK ICAP Intercapital Europe Ltd TFS-ICAP Prebon Marshall Yamane UK Ltd Cantors Fitzgerald International GFInet UK Ltd GFI Brokers Ltd iFox markets AB (Swedish inward passporting firm)	
	Commodities: Global Coal Ltd Amsterdam Power Exchange (UK) Ltd Spectron Futures Ltd Spectron.live.com Ltd ICAP Energy Ltd ICAP Metals Ltd The Link Asset and Securities Company Ltd	
Zypern	-	Es gibt keine ATSs in Zypern.
Tschechische Republik	-	Keine ATSs und keine dafür entsprechende Regulierung.
Estland	-	Es gibt noch kein System, das ein ATS entsprechen würde.
Ungarn	-	Es gibt keine ATSs in Ungarn.
Lettland	-	Es gibt keine entsprechende Gesetze.
Litauen	-	Es gibt keine ATSs.
Malta	-	Es gibt keine ATSs in Malta und keine dafür notwendige Regelungen.
Polen	Bank Przemys*owo~Handlowy PBK SA	2 Systeme für Handel mit Aktien
	Centralny Dom Maklerski Pekao SA	Aktien

	Dom Inwestycyjny BRE Bank SA	Aktien
	Elektroniczny Rynek Skarbowych Papierów Wartosciowych (Electron-ic Market of Treasury Securities)	Elektronischer Handelssystem.
Slowakei	-	Es gibt keine entsprechenden gesetzlichen Regelungen.
Slowenien	-	Kein ATS und keine regulatorische Best-immungen.

Tabelle 17 Liste der ATS in Europa[602]

[602] Vgl. CESR (2004a), S. 2 ff.

Literaturverzeichnis

BaFIN, 2003, Jahresbericht 2003, Abruf am 14.Februar 2005 um 17.54 Uhr unter http://www.bafin.de/cgi-bin/bafin.pl?sprache=0&verz=06_Presse_amp_Publikationen*03_P$u$blikationen*01_Jahresberichte*95_Ja$h$resbericht_2003&nofr=1&site=0&filter=&ntick=0

BaFIN, 2002, Vorschlag für eine RICHTLINIE DES EUROPÄISCHEN PARLAMENTS UND DES RATES ÜBER WERTPAPIERDIENSTLEISTUNGEN UND GEREGELTE MÄRKTE UND ZUR ÄNDERUNG DER RICHTLINIEN 85/611/EWG UND 93/6/EWG DES RATES UND DER RICHTLINIE 2000/12/EG DES EUROPÄISCHEN PARLAMENTS UND DES RATES, Abruf am 14.Februar 2005 um 12.02 Uhr unter http://www.bafin.de/internationales/eu_eg-recht/wpdlRL_2_vorsch_EU-komm.pdf

BaFIN, 2001, Jahresbericht 2001, Abruf am 14.Februar 2005 um 17.54 Uhr unter http://www.bafin.de/jahresbericht/jb01_wa.pdf

BAKred, 1999, Jahresbericht 1999, Kapitel III, Abruf am 14.Februar 2005 um 19.34 Uhr unter http://www.bafin.de/jahresbericht/ba/jb1999/kapitel3_2.htm

Barnes, D., 2004, Single plattform or silo? in: The Banker, December 2004, S. 142–144

BaWe, 2000, Jahresbericht 2000, Abruf am 14.Februar 2005 um 16.47 Uhr unter http://www.bafin.de/jahresbericht/jb00_wa.pdf

Beike, R., Köttner, A., Schlütz, J., 2000, Neuer Markt und Nasdaq: Erfolgreich an den Wachstumsbörse, Stuttgart 2000

Benhamou, E., Serval, T., 1999, On the Competition between ECNs, Stock Markets and Market Makers, Abruf am 17.Februar 2005 um 20.22 Uhr unter http://www.egyptse.com/download/research_papers/educational_brochures/competition_ECNs _stock_markets_market_makers.pdf

Bodendorf, F., Robra-Bissantz, S., 2003, E-Finance: Elektronische Dienstleistungen in der Finanzwirtschaft, München 2003

bondmarkets.com, 2004, eCommerce in the Fixed-Income Markets:THE 2004 REVIEW OF ELECTRONIC TRANSACTION SYSTEMS, Abruf am 15.Februar 2005 um 15.33 Uhr unter http://www.bondmarkets.com/assets/files/Electronic_Trading_Survey_1204.pdf

Book, T., 2001, Elektronischer Börsenhandel und globale Märkte: Eine ökonomische Analyse der Veränderungen an Terminbörsen, Wiesbaden 2001

Bortenlänger, C., 1996, Börsenautomatisierung: Effizienzpotentiale und Durchsetzbarkeit, Wiesbaden 1996

Böhme, P., 2004, Transaktionskoaten im Aktienhandel: Wettbewerbliche Analyse institutioneller und alternativer Handelssysteme in Europa, Wiesbaden 2004

BSK, 2001, Recomendations for the Regulation of Alternative Trading Systems, Abruf am 7.Februar 2005 um 16.25 Uhr unter http://deutsche-boerse.com/dbag/dispatch/en/binary/gdb_content_pool/imported_files/public_files/10_downloads/11_about_us/BSK_Empfehlung.pdf

Buch, C., 2004, Globalization of Financial Markets: Causes of Incomplete Integration and Consequences for Economic Policy, Heidelberg 2004

Budimir, M., 2001, NYSE startet elektronischen Handel, in: Die Bank 1/2001, S. 25–29

CESR, 2004a, List of ATSs, Ref.: CESR/03-497b Abruf am 11.Februar 2005 um 17.49 Uhr unter http://www.cesr-eu.org/data/document/03_497b.pdf

CESR, 2004b, CESR's Advice on Possible Implementing Measures of the Directive 2004/39/EC on Markets in Financial Instruments, Ref.: CESR/04-261b Abruf am 13.Februar 2005 um 19.33 Uhr unter http://www.cesr-eu.org/data/document/04_261b.pdf

CESR, 2002, Standards for Alternative Trading Systems, Ref.: CESR/02-086b, Abruf am 6.Januar 2005 um 23.30 Uhr unter http://www.cesr-eu.org/data/document/1-02_086b.pdf

CESR, 2000, The Regulation of Alternative Trading Systems in Europe, Ref.: Fesco/00-064c, Abruf am 12.Februar 2005 um 17.26 Uhr unter http://www.cesr-eu.org/data/document/00_064c.pdf

CGFS, 2001, The implications of electronic trading in financial markets, Abruf am 12.Februar 2005 um 16.47 Uhr unter http://www.bis.org/publ/cgfs16.pdf

Choudhry, M., 2001, The Bond and Money Markets: Strategy, Trading, Analysis, Oxford 2001

Claessens. S., Glaessner, T., Klingebiel, D., 2001, Electronic Finance: Reshaping the Financial Landscape Around the World, Abruf am 13.Februar 2005 um 20.09 Uhr unter http://www.egyptse.com/download/research_papers/electronic%20finance%20reshaping%20financial%20landscape%20globally.pdf

day-trading.de, 2005, ECNs, Abruf am 17.Februar 2005 um 21.29 Uhr unter http://www.day-trading.de/Ecns.php

Degryse, H., Van Achter, M., 2002, Alternative Trading Systems and Liquidity, Abruf am 16.Februar 2005 um 23.50 Uhr unter http://www.econ.kuleuven.ac.be/ew/academic/macrofin/papers/working/final%20version%20including%20SUERF%20reference.pdf

Domowitz, I., Steil, B., 2002, Securities Trading, in: Steil, B., Victor, D. G., Nelson, R. R., Technological Innovaton and Economic Performance, Princeton, 2002, S. 314–327

e-cbot (LIFFE CONNECT), 2005, Auf der Seite des Chicago Board of Trade unter Electronic Trading Highlights, Abruf am 04. Januar 2005 um 12:19 Uhr unter: http://www.cbot.com/cbot/pub/page/0,3181,1084,00.html

FESE, 2005, The European Exchange Landscape, Abruf am 6.Februar 2005 um 21.50 Uhr unter http://www.fese.org/statistics/exchange_ landscape /index.htm

Franke, D., 2002, Internationale Finanzplätze: Rivalen oder Partner?, in: Die Bank, 4/2002, S. 224–227

Franke, G., 1993, Neuere Entwicklungen auf dem Gebiet der Finanzmarkttheorie, in: WiSt, Heft 8, August 1993, S. 389–398

Fischer, U., Kunz, R. M., 2001, Börsenhandel in Europa: Fakten, Trends, Szenarien, in: Die Bank, Nr. 11, 2001, S. 756–760

Gaa, C., Ogrodnick, R., Thurlow, P., 2001, Future Prospects for National Financial Markets and Trading Centres, in: Financial Market Trends, No. 78, March 2001, Abruf am 14. Februar 2005 um 15:17 Uhr unter: http://www.oecd.org/dataoecd/3/4/1918219.pdf

Gomber, P., 2000, Elektronische Handelssysteme: Innovative Konzepte und Technologien im Wertpapierhandel, Heidelberg 2000

Gomber, P., Schweickert, U., 2002, Der Market Impact: Liquiditätsmaß im elektronischen Wertpapierhandel, in: Die Bank 7/2002, S. 485–489

Harris, L., 2003, Trading and Exchanges: Market Microstructure for Practitioners, Oxford 2003

Harrschar-Ehrborg, S., 2002, Finanzplatzstrukturen in Europa: Die Entstehung und Entwicklung von Finanzzentren, Frankfurt am Main 2002

Hauser, S. E., 2003, Informationsverarbeitung am Neuen Markt: Eine empirische Analyse der Determinanten von Kursreaktionen auf Ad-hoc-Meldungen, Wiesbaden 2003

Hendershott, T., 2003, Electronic Trading in Financial Markets, Abruf am 17 Februar 2005 um 10:13 Uhr unter: http://faculty.haas.berkeley .edu/hender/ITpro.pdf

Hendershott, T., **Mendelson, H.**, 2000, Crossing Networks and Dealer Markets: Competition and Performance, in: The Journal of Finance, Vol. 55, No.5 (Oct., 2000), 2071-2115, Abruf am 20 Dezember 2004 um 14:36 Uhr unter: http://faculty.haas.berkeley.edu/hender/ CN.pdf, S. 2071–2115

Honeygold, D., 1989, Internationale Finanzmärkte, Landsberg und Cambridge 1989

INET, 2005, About Inet ATS, Inc., Abruf am 10. März 2005 um 15:14 Uhr unter: http://www.inetats.com/about/index.asp

Instinet, 2003, Instinet: The Institutional Broker, in dem About Instinet Brochure, Abruf am 08. Januar 2005 um 16:14 Uhr unter: http://www.instinet.com/pdf/operations/About_Instinet_1203.pdf

Joys, J., 2001, Electronic Trading Systems and Fixed Income Markets: 2001, Abruf am 20 Dezember 2004 um 14:36 Uhr unter: http://mba.tuck.dartmouth.edu/pdf/2001-6-0006.pdf

Kirchner, T., 1999, Segmentierte Aktienmärkte: Informationsverarbeitung und Preisfindung, Wiesbaden 1999

Knips, S., 2000, Risikokapital und Neuer Markt: Die Aktie als Instrument der Risikokapitalbeschaffung für junge Wachstumsunternehmen, Frankfurt am Main 2000

Kümpel, S., Hammen, H., 2003, Börsenrecht: Eine systematische Darstellung, Berlin 2003

Loistl, O., 2001, Aktuelle Entwicklungen der Kapitalmarkttheorie (2.1.1), in Handbuch Corporate Finance, (Hrsg. 2001) Achleitner/Thoma, Loseblattausgabe, Köln 2001, S. 1–42

Ludwig, M., 2004, Alternative Trading Systems: State of the Art in Europe, in Die Bank 6-7/2004, S. 421–425

Ludwig, M., 2003, Alternative-Trading-Systems als Zukunftsoption?, in: Zeitschrift für das gesamte Kreditwesen, Nr. 10, 15.05.2003, S. 515–522

Ludwig, M., 2002, Alternative-Trading-Systems als Zukunftsoption: Perspektiven im globalen Konsolidierungs- und Wettbewerbsprozess von Wertpapierbörsen, Wiesbaden 2002

Madhavan, A., 2000, Market Microstructure: A Survey, Abruf am 17. Februar 2005 um 15:34 Uhr unter: http://papers.ssrn.com/sol3/papers.cfm?abstract_id=218180

Marquardt, D. S., 1998, Financial Markets Performance, Wien 1998

Marshall, R. W., Carlson, S. C., 1985, Electronic Trading Systems: The User's Point of View in: Amihud, Y., et. al., Market Making and the Changing Structure of the Securities Industries, Toronto, 1985, S. 285–297

Michler, A. F., 1999, Erwartungsbildung auf Finanzmärkten, in: Hartwig, K.-H., Thieme, H. J., (Hrgs), Finanzmärkte: Funktionsweise, Integrationseffekte und ordnungspolitische Konsequenzen, Band 58, Stuttgart 1999, S. 108–149

Mühlberger, M., 2004, Alternative Handelssysteme: Katalysator im Umbruch des Wertpapierhandels, Abruf am 08. Januar 2005 um 16:14 Uhr unter: http://www.dbresearch.de/PROD/DBR_INTERNET_DE-PROD/PROD0000000000181938.pdf

Nasdaq, 2005, Re-Proposed Regulation NMS; File No. (S7-10-04): Nasdaq Comments on SEC Staff Studies, Abruf am 18. Februar 2005 um 11:17 Uhr unter: http://www.nasdaqtrader.com/trader/hottopics/regnms/nasdaqresponse.pdf

Neubauer, M., 2001, Alternative Trading Systems – Schlüssel zum Retailmarkt? in Die Bank, Nr. 2, 2001, S. 104–108

O'Hara, M., 1999, Market Microstructure Theory, Oxford, 1999

Picot, A., Bortenlänger, C., Röhrl, H., 1996, Börsen im Wandel: Der Einfluß von Informationstechnologie und Wettbewerb auf die Organisation von Wertpapiermärkten, Frankfurt am Main 1996

Pöll, G., 2004, Europäische Börsen, Abruf am 14. Februar 2005 um 20:12 Uhr unter: http://www.econ.jku.at/poell/ws04_05/Euro-FM/Referate/Europaeische%20Boersen.pdf

Prechtel, A., 2001, Europarechtliche Rahmenbedingungen für grenzüberschreitende Wertpapierhandelssysteme, Frankfurt am Main 2001

Rahlf, T., 1999, Herausbildung und historische Entwicklung von Finanzmärkte, in: Hartwig, K.-H. und Thieme, J., (Hrsg. 1999), Finanzmärkte: Funktionsweise, Integrationseffekte und ordnungspolitische Konsequenzen, Stuttgart 1999, S. 4–19

Ramser, M., 2001, Handelssysteme für Aktien junger Gesellschaften: Theoretische, empirische und praktische Aspekte des Marktdesigns, Zürich 2001

Röhrl, H., 1996, Börsenwettbewerb: Die Organisation der Bereitstellung von Börsenleistungen, Wiesbaden 1996

Santomero, A. M., Babbel, D. F., 1997, Financial Markets, Instruments, and Institutions, Chicago, Boston 1997

Schenk, N., 1997, Informationstechnologie und Börsensysteme: Analyse und Architektur computerisierter Wertpapiermärkte, Wiesbaden 1997

Schulz, K., 1999, Elektronisches Geld: Finanzmärkte im Zeichen technologischen Wandels, , in: Hartwig, K.-H., Thieme, H. J., (Hrgs), Finanzmärkte: Funktionsweise, Integrationseffekte und ordnungspolitische Konsequenzen, Band 58, Stuttgart 1999, S. 392–417

Schwarz-Schilling, C., Wahrenburg, M., 2002, Regulating Competition between Stock Exchanges, Abruf am 03.Februar 2005 um 16.15 Uhr unter http://www.wiiw.de/publikationen/RegulatingCompetitionbetweenSt.pdf

SEC, 2004a, ECNs/Alternative Trading Systems, Abruf am 25.Januar 2005 um 22.53 Uhr unter http://www.sec.gov/divisions/marketreg/mrecn.shtml

SEC, 2004b, Regulation NMS, in: Federal Register / Vol. 69, No. 247 / Monday, December 27, 2004 / Proposed Rules, S. 77424-77519, Abruf am 18.Februar 2005 um 10.06 Uhr unter http://www.sec.gov/ rules/proposed/34-50870fr.pdf

SEC, 2002, Request for Interpretive Guidance and Exemptions from Rule 11Ac1-5 for SelectNet and SuperMontage Transactions Abruf am 23.Februar 2005 um 16.53 Uhr unter http://www.sec.gov/ divisions/marketreg/mr-noaction/supermont age060402.htm

SEC, 2000a, Special Study: Electronic Communication Networks and After-Hours Trading, Abruf am 2.Februar 2005 um 14.19 Uhr unter http://www.sec.gov/news/studies/ecnafter.htm

SEC, 2000b, SRO Rulemaking: Order Granting Approval to Proposed Rule Change re: ECN and ATS Participation in the ITS/CAES System Abruf am 23.Februar 2005 um 15.48 Uhr unter http://www.sec.gov /rules/sro/nd9975o.htm

SEC, 2000c, Electronic Communication Networks (ECNs), Abruf am 25.Januar 2005 um 23.02 Uhr unter http://www.sec.gov/answers/ecn.htm

SEC, 1998, Regulation of Exchanges and Alternative Trading Systems, Release No. 34-40760; File No. S7-12-98, Abruf am 6.Januar 2005 um 22.30 Uhr unter http://www.sec.gov/rules/final/34-40760.txt

Seifert, W. G., Achleitner, A.-K., Mattern, F., Streit, C. C., Voth, H.-J., 2000, European Capital Markets, London 2000

Spencer, P. D., 2000, The Structure and Regulation of Financial Markets, New York 2000

Spulberg, D. F., 1999, Market microstructure: intermediaries and the theory of the firm, Cambridge 1999

Tkaczenko, A., Krautwurst, O., 2004, Disintermediation und Secitisation: Ergebnisse einer empirischen Untersuchung, in: Bankarchiv, ÖBA 5/04, Mai 2004, 52 Jahrgang, S. 319–328

Ullrich, K., 2004, Die Gestaltung des Wertpapierhandels unter besonderer Berücksichtigung asymmetrisch verteilter Informationen, Aachen 2004

WirtschaftsWoche, 2005, Vorstoß auf dem Weg zur globalen Börse, Abruf am 6.Januar 2005 um 22.30 Uhr unter http://de.biz.yahoo.com/ 050110/ 318/4d85o.html

Woll, A., (Hrsg., 2000), Wirtschaftslexikon, München 2000